究天穷理探本源

理论物理大师

吴培熠　编

中原出版传媒集团
中原传媒股份公司

大象出版社
·郑州·

图书在版编目(CIP)数据

究天穷理探本源：理论物理大师／吴培熠编．—郑州：大象出版社，2022．7(2024．2重印)
(中外科学家传记丛书／王大明，刘兵，李斌主编)
ISBN 978-7-5711-1475-6

Ⅰ．①究… Ⅱ．①吴… Ⅲ．①物理学家-列传-世界 Ⅳ．①K816．11

中国版本图书馆CIP数据核字(2022)第097115号

中外科学家传记丛书

究天穷理探本源 理论物理大师

JIUTIANQIONGLI TAN BENYUAN LILUN WULI DASHI

吴培熠 编

出 版 人 汪林中
项目策划 李光洁
项目统筹 成 艳 陶 慧
责任编辑 成 艳
责任校对 安德华
装帧设计 王莉娟

出版发行 大象出版社(郑州市郑东新区祥盛街27号 邮政编码450016)
发行科 0371-63863551 总编室 0371-65597936
网 址 www.daxiang.cn
印 刷 河南瑞之光印刷股份有限公司
经 销 各地新华书店经销
开 本 890 mm×1240 mm 1/32
印 张 6.5
字 数 136千字
版 次 2022年7月第1版 2024年2月第2次印刷
定 价 24.00元
若发现印、装质量问题，影响阅读，请与承印厂联系调换。
印厂地址 武陟县产业集聚区东区(詹店镇)泰安路与昌平路交叉口
邮政编码 454950 电话 0371-63956290

总　序

马克思和恩格斯合写于19世纪40年代的《共产党宣言》中，曾有这样一段生动的描述："自然力的征服，机器的采用，化学在工业和农业中的应用，轮船的行驶，铁路的通行，电报的使用，整个整个大陆的开垦，河川的通航，仿佛用法术从地下呼唤出来的大量人口——过去哪一个世纪料想到在社会劳动里蕴藏有这样的生产力呢？"马克思和恩格斯说的那一切，还不过是19世纪的景况。到了21世纪的今天，随着核能、电子、生物、信息、人工智能等各种前人闻所未闻的科学技术的飞速发展，人类社会面貌进一步发生了翻天覆地的甚至马克思那个年代都无法想象的巨变。造成所有这一切改变的最根本原因，毫无疑问，就是科学技术。而几百年来，推动科学技术发展的直接力量，就是一大批科学家和技术专家。

中国是这几百年来世界科学技术革命和现代化的后知后觉者，从16世纪末期最初接触近代自然科学又浅尝辄止，到19世纪中期晚清时代坚船利炮威胁下的西学东渐，再到20世纪初期对"德先生"和"赛先生"的热切呼唤，经过几百年的尝试，特别是近几十年的努力，已逐渐赶上世界发展的潮流，甚至最近还有后来者居上的势头。例如，中国目前不但在经济总量上居于世界第二的地位，而且在科学研究的多个前沿领域也已经名列国际前茅。最可贵的是，中国已经形成了一支人数众多、质量上乘的科研队伍。

利用科学技术来推动社会经济的发展，中国已经尝到了巨大甜头，科学技术是第一生产力的观点深入人心。从政府到民间，大家普遍关心如何进一步落实科教兴国战略、推动创新促进发展，使中国在科技创新方面更具竞争优势，培养和造就出更多的科技创新人才，使中国在现代化道路上能走得更长远、更健康。

为实现上述目标，一方面需要提高专业科学研究队伍的水平，发扬理性思考、刻苦钻研、求真求实、勇于创新的科学精神；另一方面也需要增强和培育整个社会的公众科学素养，造就学科学、爱科学，支持创新、尊重人才的文化氛围。这套“中外科学家传记丛书”的编辑和出版，就是出于这样的考虑。

通过阅读和学习科学家传记，一是可以更深刻地理解科学家们特别是那些在重大历史转折关头做出了伟大贡献的科学家的科学思想和创新方法，二是可以更鲜活地了解到科学家们的科学精神和品格作风，三是可以从科学家们的各种成长经历中得到启发。

本丛书所收录的 200 多位中外著名科学家（个别其他学者）的传记，全部都来自中国科学院 1979 年创刊的《自然辩证法通讯》杂志。该杂志从创刊伊始就设立了一个科学家人物评传的固定栏目，迄今已逾四十年，先后刊登了 200 多篇古今中外科学家的传记，其中包括文艺复兴时期的欧洲科学家、远渡重洋将最初的西方近代科学知识带到中国的欧洲传教士，当然大部分都是现代科学家，例如数学领域的希尔伯特、哈代、陈省身、吴文俊等，物理学领域的玻尔、普朗克、薛定谔、海森伯、钱三强、束星北、王淦昌等，以及天文学、地学、生物学、计算机科学和若干工程领域的科学家。值得指出的是，这些传记文章的作者，大都是在相关领域学有专长的专家学者。例如：写过多篇数学家传记的胡作玄先生，是中国科学院原系统科学研究所的研究员；写过多篇物理学家传记的戈革先生，是中国石油大学的物理学教授；此外还有北京大学、清华大学、上海交通大学、中国科技大学等多所国内著名大学的教授，以及中国科学院、中国医学科学院和中国科技协会等研究机构的专家。所以，这些传记文章从专业和普及两个角度看，其数量之多、涉及领域之广、内容质量之上乘、可读性之强，在国内的中外科学家群体传记中都可以说是无出其右者。

考虑到读者对象的广泛性，本丛书对原刊物传记文章进行了重新整理编辑，主要集中在如下几个方面：一是在总体设计上，丛书共分 30 册，每册收录 8 篇人物传记；二是基本按照学科领域来划分各个分册；三是每分册中的人物大致参考历史顺序或学术地位来编排；四是为照顾阅读的连续性，将原刊物文章中的所有参考资料一律转移到每分册的最后，并增加人名对照表。

当前，中国正处在从制造大国向创造大国转变、急需更多科技创新和科技人才的重要历史时刻，希望本丛书的出版对于实现这个伟大目标有所裨益，也希望对广大青少年和其他读者的学习生活有所帮助。

目 录

乔治·加布里·斯托克斯

维多利亚时代的名流

乔治·加布里·斯托克斯

（George Gabriel Stokes，1819—1903）

19 世纪，整个科学领域发生了翻天覆地的变化。光的波动理论于 20 年代重新引入英国，并最终演变成为世纪中叶物理学的最高信仰。50 年代，德国的克劳修斯和开尔文勋爵分别成就了热力学的两大定律——能量守恒和能量的“耗散理论”。1867 年，开尔文勋爵和泰特合作发表了《论自然哲学》，对能量的内涵进行了更深刻的阐述。达尔文于 1859 年出版《物种起源》，在维多利亚时代掀起了轩然大波。1873 年，麦克斯韦发表了《电磁学通论》，这是他二十年来综合研究电磁理论的结晶。克劳修斯、开尔文勋爵、达尔文和麦克斯韦的成果是对人和自然界做的又一次重新解读。乔治·加布里·斯托克斯就生活在这个伟大的时代，并依靠其卓越才智使自己置身于这一时代的名流之列。

一、剑桥骄子

乔治·加布里·斯托克斯是英国著名数学家和物理学家，1819 年 8 月 13 日生于爱尔兰斯莱戈县的斯格林。斯托克斯的父亲是一位牧师，他养育了六个孩子，斯托克斯排行最小。斯托克斯的兄长们全都受教于都柏林的三一学院，又全部担任神职。其中，兄长威廉·霍顿·斯托克斯也曾就读于剑桥大学，并于 1828 年毕业时获得数学荣誉学位甲等考试第十六名。当选凯厄斯学院成员后，威廉仍留在剑桥大学工作了二十年，后来成了诺福克牧区的牧师。1832年，斯托克斯被送到都柏林华尔牧师学校学习三年，1835 年进入布里斯托学院。当时布里斯托学院主要开设数学、古文、英国文学和通史。数学方面，它倾向于尽可能效仿剑桥三一学院当时制订的教学计划。由此可见，跟随剑桥的课程设置，由获得荣誉学士学位的校友管理的布里斯托学院成为斯托克斯接受剑桥式教学洗礼的圣地。斯托克斯即将入读剑桥大学的时候，威廉曾提醒他认真考虑后再选择学校。威廉在信中写到，一个培养牧师的最佳学校可能会是一个培养医生最差劲的学校。不管理由是什么，斯托克斯进入了剑桥大学彭布罗克学院，不久后他就发现，剑桥大学是个最合适不过的地方。

剑桥大学一直保留着传统的考试制度：数学荣誉学位考试，叫 Tripos。最早的 Tripos 可以追溯到 1730 年，数学 Tripos 是十分费时费心的，要一连坐四天解题目。休息一个星期之后，再来四天。上一半是测验速度，而有时只是算术测验，题目比较容易。下一半加倍计分，题目也难得多，甚至在数学上有建树的学生都可能不知道从何下手。一位英国数学家多年后写道："Tripos 是全世界最难的考试，如今还没有任何大学的考试能和它相提并论。"后来 Tripos 不只是一场考试了，它已经发展成为一种制度。这种制度包含了种种仪式、围绕它的相关评价、支撑它的体制以及引申出来的数学风格等，这些都使这种考试制度变成了某种带有神奇荣耀的传统。Tripos 成绩分三个等级：第一级称为优等生（wrangler），优等生的第一名称为 Senior Wrangler；二等生和三等生分别称为 Senior

Optimes 和 Junior Optimes。为了知道谁得到优等第一，人人都聚集到评议会大厅，甚至一向被排挤在剑桥生活圈外的女孩子们也想进来一睹风采。

优等第一所得到的荣誉却不是一件小事，它像光环一样终生罩在获得者身上。优等生的前十名，不但有很强的精神光环，也基本可以保证有出人头地的职业。半个世纪之后，为英国数学家写的讣告中一定会提到死者的优等名次作为其一生荣耀的组成部分。有一部剑桥哲学史准确地写道：

> 优等第一并不都是大数学家……［不过］如果他搞数学，一定会有相当的影响。

例如，数学家和天文学家塞缪尔·文斯曾是优等第一名，数学家和物理学家詹姆士·伍德也曾获考试第一名，曾任格林威治天文台台长的乔治·比德尔·艾里也是第一名。Tripos 多多少少能反映出一个人的数学能耐，但是全靠考试成绩排定名次是否精确，则各人所见不同。实际上有许多例子说明，优等的第二名有时也可能比第一名更有成就。著名的数学物理学家麦克斯韦就是优等第二名，发现电子的 J. J. 汤姆逊、开尔文勋爵以及休厄尔、约翰·赫歇耳也都是优等第二名。类似中国古代的科举考试，第一名的状元固然荣耀，第二名的榜眼和第三名的探花实际上也不会逊色。

但毕竟第一名的光环并非虚拟。1841 年，斯托克斯得到了剑桥大学 Tripos 考试的第一名，接着，又成为第一个史密斯奖得主。这些荣耀的获得对他将来得到研究生奖学金并成为教师乃至最终获得教授资格还是有着莫大的助益。

在剑桥，斯托克斯跟天文学教授查理士学习天文学和光的波动说，并有幸得到了霍普金斯的个别指导。霍普金斯是一位著名的数学教师，他教出的学生包括开尔文勋爵和麦克斯韦，他的教学贴近数学荣誉学士学位的考试内容，一方面因为他十分支持这一理论体系，更重要的原因是他认为牛顿关于世界的理论体系和光的波动理论是数学在探索自然方面最璀璨的两颗明珠。与此同时，斯托克斯还跟佩利学习神学，佩利是引他进入神学领域的启蒙导师。他还受到休厄尔很深的影响，以致他后来发表有关伦理的理论时，内容与休厄尔的神圣的、植根于内在的道德原则观念如出一辙。

1841 年 1 月，斯托克斯参加数学荣誉学士学位考试时，没有让他的导师和评委失望，他被问到了 173 个问题，内容涉及欧几里得几何、微积分、牛顿力学、天文学、流体静力学、光学、热、电和磁等问题。斯托克斯一举成为六十年来彭布罗克学院的首位数学荣誉学位甲等考试状元。此后不久他又成为学院首位史密斯奖得主。彭布罗克学院为他专门举行了庆功宴祝贺他获此殊荣，并聘他留校任教。

二、科学巨擘

斯托克斯是 19 世纪的物理学家和数学家，他的研究领域遍布流体动力学、光学、光谱学和数学等领域。以他的名字命名的有斯托克斯粘性定律、纳维－斯托克斯方程、斯托克斯线及反斯托克斯线，还有包括矢量分析中关于空间线积分与面积分基本关系的斯托克斯定理，荧光物质放射的光其波长大于入射光的斯托克斯定律，无穷级数及定积分计算等。对于一般专业人员而言，哪怕只是获得了这些成就中的一两项，就足以青史留名，遑论这么多的成绩。由此可见，称呼斯托克斯为科学巨擘并不过分。

在 19 世纪 40 年代，斯托克斯主要在流体力学领域耕耘，致力于研究液体内部的摩擦或粘度。其中令人瞩目的工作是理解粘度的分子原因。斯托克斯总结说，不可观测实体的知识虽然难以获得，却也并非毫无可能。只要充分理解分子之间的相互作用，也就能够了解分子本身。无论分子具体性质如何，在分子间发生相对运动时，会引起某种正切力。这一正切力就是粘度的成因，它可纳入相应的数学理论。此工作后来形成最广为人知的成果——（研究液体粘性的）斯托克斯定律。

推导出固体小球在粘滞流体中以匀速缓慢移动时所受的阻力为 $F=6\pi\eta av_0$（式中 v_0 为小球速度，η 为粘滞系数，a 为小球半径），这是小球在流体中受重力作用自由降落的最终稳恒速度的近似公式，被称为斯托克斯粘性定律，它后来在气象学领域以及密立根油滴实验等许多问题中有重要的应用。斯托克斯把连续媒质观点应用于弹性固体平衡及运动理论时区分了形变与容变两种弹性模量，描述球体通过流体时的摩擦阻力。这一定理使钟摆运动的分析更为精确，同时也解释了云的形成。更准确的测量意味着更精确地确定不同地点的重力加速度，对测地学研究价值巨大。斯托克斯在这个领域发表了不少举足轻重的论文。下降的水滴由于地球引力导致的加速度与空气的摩擦力达到平衡而停留。对于小水滴来说，终速度无限接近于零，于是它们保持悬浮状态——变成了云。

这一时期，斯托克斯最基础的研究应该算是光以太了。按照光的波动理论的说法，以太是公认的传播光的媒介物。它以流体状态出现，因为固体物质，如行星，可以穿过它。事实上，剑桥的科学家们像赫歇耳、休厄尔都倾向于把它看作流体。由于以上原因，以太既被看作流体力学的内容也被看作光学的一部分。但是两个互相联系的问题却与这个基本物理概念不合。首先，光波应该是横波，但是流体不可能传播横波。其次，斯托克斯意识到，一个更严峻的问题是众所周知的恒星光行差现象与现有的以太理论相矛盾。

18 世纪早期的观测使人们认为，恒星的光行差是地球与恒星发出的光粒子合动的结果。换言之，由于地球自身的运动，我们看到的星体与它的实际位置有细微偏差。根据广为接受的光波说揭示恒星光行差时，科学家假定以太密度无限小，以致地球从其中穿过不会引起任何波动而扰乱介质。如果以太有足够刚性能传播横波，那么这种固体才有的特性又怎么不会被地球运动影响呢？斯托克斯提出这个问题并且解决了这个问题。他的理论是双重性的：流体运动的数学规律引起弹性固体的数学规律。他主张，在流体中引发粘度的正切力正是使固体能够支持横向波动的保持力。斯托克斯借助连续性这一概念得出，所有的固体都有一定程度的流体性质；同样，所有的流体都有一定的固体性质。所以，他设想以太是流体，并具备一些固体的特性。其固体性支持频率高、波长短的横波，流体性又允许运动相对缓慢的地球穿越其中。不过，此运动并未证明以太不受干扰，而是说以太围绕地球“流动”。事实上，如果以太的流动是非转动性的，那么，斯托克斯表示，恒星光行差也就很容易解释了。这样就没有必要断定以太和地球之间没有相互作用。以太的固体性倒是有利于维持它的非转动性，因为任何形成旋涡的趋向都迅速被以太化解了。1861 年，麦克斯韦发表了一系列影响深远的电磁理论论文，其中一篇《电磁领域的动力理论》表达了同样的观点：麦克斯韦把电磁现象表达为物质媒介中的动力活动。他和斯托克斯一样，把此种介质的具体状态和电磁现象的具体观察相联系。

1849 年，斯托克斯发表了有关动力的论文《衍射的动力理论》。他通过复杂的实验和数学分析，研究一个著名的衍射现象……光经过物体边缘时发生弯曲的光学现象。他的研究解决了波的理论中一个棘手的问题：光波源自何物？17 世纪以来，物理学家通过实验证实了被极化的光在平面上的偏振现象。但是却无法验证光的横波平行于还是垂直于平面。斯托克斯论文的结论是：它是垂直于平面的。

但是斯托克斯最受关注的是他对荧光性的研究。通过对熟悉现象的实验研究，斯托克斯提出荧光物质吸收特定波长的光又放出另一特定波长的光。他证明，荧光物质放射的光其波长大于入射光，这被称为“斯托克斯定律”。此外，他经过仔细推理，认为造成这个反常结果的动力学原因是振动的以太与振动的荧光物粒子相互作用。他认为这些相互作用正与能量守恒定律相一致。斯托克斯的实验结果及相应的阐释发表在 1852 年的《哲学汇刊》上。同年，英国皇家学会为表彰他的成就授予他拉姆福德奖章。

在 19 世纪中叶的维多利亚物理学界，剑桥派的研究结果往往与其他地方的结果互相矛盾。非剑桥派物理学家重实验，如曼彻斯特的焦耳和伦敦的法拉第。焦耳的实验得出了热的动力学理论。法拉第发现了电磁感应和法拉第磁光效应。开尔文勋爵、泰特和麦克斯韦几位受过苏格兰和剑桥双重教育的数学物理学家们都从事于非剑桥派课题的研究。苏格兰那时的自然哲学课程与剑桥不同，包含了大量的热、电、磁的内容。19 世纪 50 年代早期，开尔文勋爵把焦耳的理论运用到热力学中，并致力于将法拉第的发现统一到同一个理论框架中。在此影响下，麦克斯韦于 19 世纪 50—60 年代发展了他的光电磁理论。开尔文勋爵和泰特 1867 年的论文及麦克斯韦 1873 年的论文，成为公认的维多利亚时代物理学转型的里程碑。于是，苏格兰教育下的剑桥人开尔文勋爵、泰特和麦克斯韦扩展了非剑桥派的实验物理学家焦耳和法拉第的视野。

斯托克斯还系统地研究固体的弹性、波在弹性媒质中的传播等问题。1842 年起，他相继提出不可压缩流体的稳恒流动理论和流体流动的摩擦理论。1845 年，他和法国的纳维等人分别独立地推导出粘滞流体的动力学方程，被称为纳维－斯托克斯方程。这项基本性的贡献奠定了传统流体动力学的基础。1847 年，斯托克斯在一篇论周期级数的应用性论文中先于柯西提出了一致收敛的概念；1850 年，他计算过光学中出现的一种广义积分；1857 年，他在复平面 z 中解方程 $\frac{d^2\omega}{dz^2}-gz\omega=0$，而引出了有名的斯托克斯公式（注：中国大百科全书光盘版《物理》“斯托克斯”条目）。斯托克斯公式还是向量分析的基本定理。

1852 年，斯托克斯在研究光致发光的光谱时，提出了一个论断：发光的波长总是大于激发光的波长。后来在大量的实验中出现了很多例外。于是斯托克斯把发光谱线分为两类：符合上述关系的叫作斯托克斯线，它的波长和激发光的波长之差称为斯托克斯位移；反之，称为反斯托克斯线，相应的波长差称为反斯托克斯位移。由于存在很多例外，上述斯托克斯提出的论断就不是规律而只能称为定则。1862 年，他还提出了关于晶体双折射的动力学理论。斯托克斯对光学许多方面的贡献部分地反映在他于 1887 年出版的《论光》文集中。

三、卢卡斯数学讲座教授

在中世纪及文艺复兴时期的所有大学当中，剑桥大学和牛津大学设立数学科学基金教授席位是最晚的。牛津大学数学家和古典学者萨维尔出资于 1619 年在牛津大学设立以自己名字命名的萨维尔几何学教授。布里格斯在出任牛津大学的第一任萨维尔几何学教授之后，马上着手为母校剑桥大学寻求类似基金。1621 年 8 月，他在给苏塞克斯学院校长沃德的信中写道：

> 如果剑桥大学也能够在此类或其他科目上得到资助，我将感到无比欣喜。如您知道何人有能力并且愿意捐赠还须告知我。我会非常乐意奉献六周假期的一部分调查策划此事，以表达我对母校剑桥大学的热爱。

亨利·卢卡斯曾经是圣约翰学院的学生，1636 年获荣誉硕士学位。他对数学甚至自然科学都不怎么感兴趣，在他的密友鲍斯韦尔爵士的鼓动下，于 1663 年 6 月 11 日，也就是他死前六周起草遗嘱，要求遗嘱执行人巴克和罗沃斯“购买每年收入价值一百英镑的土地作为基金，所得的钱用作一位数学教授的年俸”。跟早先的萨维尔一样，卢卡斯说自己慷慨解囊是因为他迫切希望能够“促进并激励那个迄今还没有被资助过的知识领域”；他希望赠金将“为这个伟大的学术机关增添光彩”。受托人很快购买了土地，安排把每年收入的一部分给一位教授作为薪水。1663 年 12 月，卢卡斯的遗嘱执行人起草了卢卡斯教授席位条例。一个月后，国王查理二世颁发了专利证。条例含有一些严格指令，规定了卢卡斯教授应做的主要工作：自由选择数学领域的课题，每周讲课一小时，另有至少两个小时的个别辅导，解疑释惑，并能每年留给校图书馆 10 次课的讲义。假如教授不能履约，副校长得扣留其薪金，将省下的数额移赠大学图书馆。剑桥大学图书馆确实存有牛顿的原始讲稿，是该馆收藏颇丰的牛顿手稿的一部分。席位早期的突出之处在于它是个校级职位，其时几乎所有的教职都是院级。卢卡斯教授不必担任神职。尽管学校有规定禁止教员有其他渠道的收入，国王却特许卢卡斯教授担任校董事，但禁止他们担任校内其他职务，如其他学院的教授或院长。1664 年 2 月 20 日，巴罗被正式任命为第一任卢卡斯数学教授。后来为担任剑桥大学三一学院院长职位，巴罗主动离开卢卡斯数学教授职位，到剑桥市担任圣职三年后才竞选院长职位，并把卢卡斯数学教授位置顺利地传给他的得意门生牛顿。迄今已有十几位学者出任过这个教席。通过他们当中许多人的创造性成就，这个教席已成为最为著名的数学教席之一。席位设立数百年来，剑桥大学成了国际著名的数学研究中心之一。1992 年成立的艾萨克 · 牛顿数学研究院，吸引着联合王国和海外的数学家前来进行长期的互动研究。

1849 年 10 月 23 日，斯托克斯接任卢卡斯教授，他在 19 世纪中叶的剑桥大学如鱼得水，称心如意。他的个人兴趣与改良课程安排的计划很有节奏。他筹备了一系列有关流体静力学、气体力学和光学的理论讲座及实验，其中对光的物理理论尤为注重。这些是斯托克斯授课和研究的主要课题。尽管随后他在半个世纪之长的卢卡斯教授生涯中做过很多项目，其事业的根基仍然是物理学上的研究。

但从实际酬金上看，直到 19 世纪后半叶，卢卡斯教授的报酬还很微薄。1857 年，在卢卡斯教席上已坐了八年之久的斯托克斯仍在频频写信给其未婚妻，为如何迈入维多利亚中产阶层、为能过上体面的婚后生活而苦恼。为了支持自己未来要建的家庭，他不得不靠教课和写行政文书来赚钱糊口。斯托克斯写道：

> 如果我能分到住房，再把教授的薪水和研究员津贴都拿到手，那我们的情形会比现在好得多而又多。我就有了一个稳定的好职位，而不是现在这样，就像是艾里所说的卖书的……我就能专心致志做点事，不必再一下子干很多

七零八碎［的事］，弄得自己都觉得什么都干不好。我就［没准儿］可以悠闲地做研究，一方面作为工作，同时还能保住教授的名气。

19 世纪下半叶，剑桥大学正在进行一系列的教育改革。斯托克斯对数学和自然科学荣誉学位考试的热情使得剑桥大学的理科在本科生中颇受欢迎。卢卡斯教授席位很适合斯托克斯，这使他可以名正言顺地定义什么才是该校的正当学科，他在授课时按照休厄尔的愿望安排与数学荣誉学位考试密切相关的物理科目，并巧妙地把 19 世纪 50—60 年代剑桥派的实验和理论物理协调为一体，由此吸引了一批才华出众的弟子，他们后来都成长为维多利亚时代物理学界的精英。

在剑桥任期的前二十五年中，大约 80％的数学荣誉学位甲等考试前十名都听过斯托克斯的课。瑞利勋爵（1865 年数学荣誉学位甲等考试第一名）把斯托克斯的光学课比作“新纪元”；J. J. 汤姆逊（1880 年数学荣誉学位甲等考试第二名）缅怀往事时曾说：“我听过的所有课中，要数乔治·斯托克斯先生的光学课最吸引人。他讲解清楚，言辞动听，实验精当，我从没听过比这更好的课。”在总共五十四年的卢卡斯教授任期内，斯托克斯教过至少四十五位未来的皇家学会会员，其中有三位是卡文迪许实验室最早的负责人——麦克斯韦、瑞利勋爵和 J. J. 汤姆逊。他是维多利亚时期剑桥大学的最后一位卢卡斯教授。19 世纪、20 世纪之交，剑桥大学在物理学界的领导地位比 19 世纪中叶更加固若金汤。斯托克斯千方百计推动改革，改革的成果使他如日中天，继而又掩过了他在剑桥大学的光芒。他所留下的精神遗产渊深永长。

四、掌管英国皇家学会

斯托克斯的学术声望使他成为 19 世纪中叶剑桥物理学界的绝对权威。他凭着物理学的成就于 1851 年成为英国皇家学会的会员，并于 1854 年成为皇家学会两秘书之一，同时负责编辑《哲学汇刊》达三十年之久。斯托克斯直接影响了《哲学汇刊》的讨论内容，他不光是名副其实的科学思想权威，同时还是维多利亚时代知识界绝对不可忽视的力量。身为秘书兼编辑，斯托克斯工作上勤勤恳恳、尽职尽责。他一面安排其他科学家审查来稿，一面亲自审查上百篇论文。他经常连篇累牍地写信与作者交流，无论是像法拉第那样的天才还是略嫌谨慎的常人，他都一视同仁。他为《哲学汇刊》发表实验研究的论文制定了四条标准：崭新的观察方法、惊人的实验结果、比较理论与实验的新手段、与已知理论冲突的实验结果。他的细致入微加上丰富的科学知识影响并优化了维多利亚时代的科学研究。斯托克斯参与面之广可从他对来稿的书面反馈窥见一斑。那些稿件的作者有伯洛格哈姆、法拉第等人，合作最多的该算是分析化学家克鲁克斯。编辑工作实在耗神费时，开尔文勋爵敦促斯托克斯就任剑桥大学卡文迪许实验室主任，以便尽可能退出编辑工作。可是斯托克斯本人却乐此不疲，一如既往履行职责。他在物理学界的声望影响了当时许多理论思想，如进化论、唯灵论、物质享乐主义等思想。有时他的言论会与一些知识精英相抵触，尤其是达尔文、赫胥黎和廷德耳。但斯托克斯出了名的沉默并没有妨碍他声音的广泛传播。1885 年，他又接替赫胥黎成为皇家学会会长。

斯托克斯对维多利亚时代科学的影响主要基于皇家学会。1830 年前后，巴贝奇等一些人抱怨英国的科学在走下坡路，把抨击的矛头指向皇家学会混乱的会员制和出版管理。在这个大气候下，英国科学促进会于 1831 年成立。此外，科学在牛津大学与剑桥大学，苏格兰的格拉斯哥大学、爱丁堡大学，以及年轻的伦敦大学里受到重视。皇家学会深刻反省之后终于在 19 世纪 40 年代发动改革：新会员加入须达到更高标准，到世纪末只有大的专业团体中的精英才有资格加入。还有，当《哲学汇刊》的编辑工作转交到学会两位秘书手上时，一套严密的论文审核程序也已开始运作。维多利亚早期绅士派头的科学演变成为维多利亚后期现代面貌的职业科学。

斯托克斯对他人的尽心帮助在维多利亚中后期可谓众所周知。瑞利勋爵写到，皇家学会的出版物附带“大量的对所得帮助的感激和认可，很多时候他的建议或评论形成备忘录中非常有价值的一部分，只是却在别人名下”。他与法拉第和克鲁克斯的学术商榷就是明证。法拉第在取得他的重大发现的多年后，于 50 年代中期寄给皇家学会的两篇论文受到斯托克斯热情洋溢的赞扬，但在 1860 年寄出的第三篇论文中，法拉第坚信自然界的各种力量是坚不可摧的，并在实验中尝试把地心引力转化为其他力。斯托克斯认为：即便法拉第的理论是正确的，但实验验证肯定不大可能。斯托克斯写信给法拉第说明它不适合在《哲学汇刊》发表，建议法拉第改投他处。法拉第撤回自己的论文，并给斯托克斯写信说：“我只想听你和我两个人的意见。”斯托克斯和克鲁克斯早在70年代前期便对正当科学的见解各异。1871年克鲁克斯就把自己的研究从人体飘出的“通灵力”的存在的论文交到皇家学会，学会没有接受。斯托克斯向克鲁克斯解释说，他认为文中的证据不足以证明有关这种力的理论。虽然两人科学见解不可调和，但他们仍然合作了三十余年。斯托克斯非常敬佩克鲁克斯技艺高超的实验，但对克鲁克斯因循守旧的科学研究报以非常友善的回应，并为克鲁克斯正确理解关于阴极射线的实验给出了有益的建议。斯托克斯有不少著名的对手，其中声名最大的要数1872—1881年任皇家学会秘书时的同事赫胥黎。1864年，赫胥黎对皇家学会授予达尔文科普利奖章的方式颇为不满。斯托克斯在颁奖会上的献辞说：此奖授予达尔文是因其研究工作而非《物种起源》。赫胥黎认为这个献辞侮辱了达尔文。更为甚者，1887年赫胥黎发表一篇匿名社论，抨击斯托克斯作为皇家学会的会长不该同意代表剑桥大学出席议会。他认为，作为科学家的斯托克斯赞同某些政治或宗教观点。赫胥黎对斯托克斯的强烈反对并未演变成私人恩怨。

1890年，斯托克斯卸任会长一职，他在职期间试图解释并捍卫原有的宗教，反对进化论和不可知论。在物理科学领域他的影响独特而深广。但他也想尽量把唯灵论和进化论推向边缘并使之游离于被接受的科学之外，但他没能击败两种理论中的任何一个。这些争论反映了维多利亚时代科学家日益惹人注目的职业化角色，而且也正说明皇家学会会长一职越来越具有文化旗手的地位。不论如何，借用《泰晤士报》的一位讣告作者所说：“斯托克斯对同时代具有可塑性的知识分子的影响是不可估量的，他的成果潜藏在他曾启发过、帮助过、指导过的头脑之中。”

五、维多利亚时代名流

1869 年，斯托克斯担任英国科学促进会主席。由于对维多利亚时代重大问题驾驭自如，斯托克斯发现自己成了炙手可热的人物。面对科学与宗教日益透明的斗争，英国人希望听到一个信仰坚定的杰出科学家的平和之论。于是，斯托克斯被邀参加一年一度的英国国教会议，发表一些诸如“宗教自近期科研中新获之益”或“科学与信仰和谐共生”之类的演说。从 1886 年到 1903 年去世，斯托克斯一直任维多利亚研究会会长，这个组织是专门为对抗《短文与评论》和《物种起源》而成立的。斯托克斯参与各种演讲，并宣称“人的精神力量和身体结构一样，都是早已注定的”，“显而易见，人类辨别是非善恶的能力也是天生就有的”。这些看法与物理学界的急先锋法拉第、焦耳、开尔文勋爵、麦克斯韦有异曲同工之妙。法拉第属于桑德曼派，主张按字面意义解释《圣经》；焦耳对《创世记》中“造物力学理论”的详尽描写深信不疑；麦克斯韦坚信诺亚洪水的真实性；开尔文勋爵宣称达尔文的自然选择论是对神圣设计的亵渎。斯托克斯是维多利亚时代宣扬基督教世界观的人里最突出的一个，他代表了宗教与科学达到文化上的平衡的理想状态，凭借其无可争辩的科学巨匠的身份为后维多利亚时代宗教建构奋力抗争。

1893 年，斯托克斯荣获皇家学会科普利奖章，这个奖章见证了斯人可圈可点的职业生涯。直至 19 世纪 90 年代，他对引人注目的新现象——X 射线、放射性、电子发现的看法仍然精辟独到。到 19 世纪末，斯托克斯已把剑桥大学培育成英国物理学当之无愧的中心。他支持数学荣誉学士学位和自然科学荣誉学士学位改革以及卡文迪许实验室的建立。他还鼓励麦克斯韦接管卡文迪许实验室。麦克斯韦、瑞利勋爵、J. J. 汤姆逊等卡文迪许实验室 19 世纪 90 年代的工作人员都听过斯托克斯的课。斯托克斯最后十年的洋洋大作《有条件的永生：拯救感者》于 1897 年问世。同年，他在国教大会做了关于理论中的归纳法的演说。1903 年 1 月 12 日，斯托克斯健康状况恶化。2 月 1 日，斯托克斯与世长辞。《泰晤士报》的讣闻中这样说道：乔治·斯托克斯爵士之不同凡俗，还在于他心思的简单和专一，在于他没有个人的野心和狭隘的妒忌，这些品质，恰与其智慧才具的深度和广度相匹配。每一个志愿在自然的神殿中充任高级教职的人，都应以他为学习的榜样。

（作者：杨庆余）

亥维赛

有惊人数学才华和物理洞察力的电气工程师

奥利弗·亥维赛

（Oliver Heaviside，1850—1925）

奥利弗·亥维赛是一位一流的数学物理学家，一位有着惊人的数学分析能力和物理洞察力的电气工程师，还是19世纪下半叶对物理学等领域做出最重要贡献的，但又是被忽略和最不被重视的人物之一。物理学和数学相互推动、交织发展的状况由来已久，亥维赛的科学成就充分体现了这一事实，即外部问题促进了数学新理论、新方法的发现；反过来，简洁有效的数学方法同时也为其他领域的发展提供必要的理论基础，在推动科学的进步方面起着不可替代的巨大作用。

一、亥维赛的早期生活和工作

亥维赛1850年5月18日出生于伦敦卡姆登的一个底层社会家庭，他的父亲托马斯·亥维赛是位手艺精湛的木匠，母亲瑞切尔为了维持家庭生计曾办过一所私立女子小学，亥维赛在这所学校接受了第一次正规教育。后来，亥维赛在家乡另一所中学完成了初等教育。中学时代的亥维赛学习成绩突出，是全校同年级几百名学生中前几名的学生。少年时代的亥维赛就已经开始用一种“刻薄”的眼光、实用的观点来看待科学事物，他从来不会因迷信权威而把任何知识都当作真理，尤其排斥欧氏几何的公理化证明方法。即使是多年以后，亥维赛仍然把欧氏几何看作是最糟糕的，认为欧氏几何本质上应该是门实验科学，应通过观察的、描述性的和实验性的方法讲授，而它的那种试图证明显然事实的逻辑体系会令年轻人迷惑。

由于家境不好，16 岁后亥维赛再没有接受过任何正规教育。1868 年，18 岁的亥维赛在其姨父、赫赫有名的电学大师、成功的科学企业家惠斯通的帮助下进入电报业，从此开始对电学问题产生兴趣。1872 年，亥维赛在《英国机械》杂志上发表了第一篇电学论文《比较电动式》，这篇论文所用的数学知识非常有限。在 1873 年发表于《哲学杂志》上的有关光学的论文中，亥维赛使用了微积分。那时他已经掌握了微积分、微分方程、立体几何和偏微分方程等高等数学理论，但真正给天才的亥维赛指明方向并带来灵感的是麦克斯韦于 1873 年出版的《电磁通论》。亥维赛是麦克斯韦电磁理论的最热情的支持者之一，在麦克斯韦的《电磁通论》发表后不久，亥维赛就开始研究它，并从那时起把它作为自己研究的基础。

也许是小时候患猩红热所致，年轻的亥维赛患有轻微耳聋。他爱好广泛，有着卓越的洞察力和超强的直觉，看上去很有绅士风度。1871 年亥维赛被任命为主电报员，每年的薪水颇丰。出身贫寒的亥维赛深知金钱的重要性，也希望更多地得到它，但又不愿为金钱所束缚。1874 年 3 月 31 日，24 岁的亥维赛辞去了一生中仅有的一份工作，把后半生完全投入到了一流的学术研究中。

二、亥维赛早期的电报工作

亥维赛辞职后，和父母一起住在位于伦敦奥古斯汀街的家里。亥维赛隐居后的第一个五年，是其成果极为丰硕的时期。其间他写了一系列关于电报理论的论文，充分展示了他丰富的电信技术实践知识和日显精湛的数学技能。下面以其三篇代表性论文为主简要介绍他在这方面的工作。

出于对感应电路振荡行为的兴趣，亥维赛撰写了题为《关于额外的电流》的文章，并于1876年发表在英国皇家学会刊物《哲学杂志》上。文中亥维赛处理了受感应现象影响的有限长度电缆的充电和放电问题，建立了沿着电缆的电压的微分方程：$\frac{\partial^2 v}{\partial x^2}=kc\frac{\partial v}{\partial t}+sc\frac{\partial^2 v}{\partial t^2}$。这里 k、c 和 s 分别表示均匀电阻、电容和单位长度的电感。这个方程在电感 $s=0$ 的特殊情形，即为 W. 汤姆逊（即开尔文勋爵）在1854年建立的第一个电报方程。亥维赛对海底电缆电报理论的数学理解远远超过了 W. 汤姆逊。他推广的电报方程承认波传递速度有限，是解决相位畸变问题的关键，促进了电话的广泛应用。

由于对电缆的最大量的可用信息传送速度依赖于传播方向这一现象（1868年从英国发到丹麦的电报速度要比从丹麦发到英国的快40%）的浓厚兴趣，1877年，亥维赛又在《哲学杂志》上发表了题为《关于通过庞杂的电报机电路的信号速度》的文章。在这篇论文中亥维赛处理了信号速率不对称的问题，认为传播速率的不对称不能归因于海底电缆或者与之相联系的大陆线："我们必须朝线外看，并且把我们的注意力放在发送和接收装置上。"亥维赛分别得出了不同方向的信号传播所用时间的数学表达式，以简单优美的方式解释了令人困惑的海底电报电路传播速度问题。

用电缆进行长距离通信需要尽量减少线路的衰减量，最好的办法是插入加感线圈。亥维赛在 1879 年发表于《哲学杂志》的题为《关于故障的理论》的论文中，以一种含糊的方式表述了这一超前的建议：

> 当一个天然故障，或者受绝缘限制的故障在电缆中形成的时候，会趋向于得到一个更差的、可观察到的、不仅局限于电缆故障的现象。……如果不及时去除这个故障，通信会完全停止。……但是一个人为设置的故障，或者说是通过在导体和鞘之间的一个由良好导线制成的线圈的连接，将不会有天然故障的讨厌特点。
>
> ……如果适当地构筑它（人造故障），将会……加速（信息传送的）工作速度。电缆线的中心是放置一个故障的最好位置，线电阻的 1/32 可能比较合适。

亥维赛的论文技术含量很高，对当时迅速发展的电信工程界具有很大的冲击力。这本应该引起当局的注意，但由于亥维赛的论文除麦克斯韦或 W. 汤姆逊等少数人外，当时的电信界几乎无人能够理解，致使他的发现对实践应用没能产生任何影响，甚至亥维赛的理论还被电信工程界的实权人物普里斯等人视为异端。当然，这除了亥维赛的文章不易读懂，还与他 1873 年在《哲学杂志》上发表的一篇关于双工电报电路的论文有关。在这篇论文中，亥维赛从学科的简单历史开始，提出了使双工电报可行的方法，并宣称他的工作实际上已经超过双工而达到四工电报电路。但他的文章却没有提及普里斯 1855 年获得专利的双工电报系统，这已经刺伤了普里斯，再加上后来亥维赛拒绝在普里斯手下工作，从而使得普里斯更为不满。而事实上，这时的亥维赛已被麦克斯韦理论所深深吸引，他决定走自己的路。

三、亥维赛的电动力学

在 19 世纪 80 年代以前，W. 汤姆逊的电报方程理论在英国通信业中一直占主导地位。W. 汤姆逊曾根据这个电缆信号传播速度减慢与电缆长度平方成正比的规律成功解决了 1866 年通过大西洋的海底电缆发送信号时所遇到的延迟、畸变和变弱等困难，被英国维多利亚女王封为爵士。但随着电报机的逐步完善和电话的问世，工程师们处理信号的速度明显上升，这时即使按照 W. 汤姆逊的最佳条件设计电缆，信号畸变也无法完全克服。以普里斯为代表的大多数电信工程师都认为畸变是由于电缆的自感引起，应尽量减少它们的自感。而亥维赛则认为这种看法缺乏理论依据，他通过解包含电感因子的、具有现代形式的亥维赛电报方程，从理论上预示了在远距离电报电缆的电路中电感加载可减少信号畸变。这一超前于亥维赛所处时代的理论，直到 1899 年才被美国哥伦比亚大学教授普平和美国电话电报公司的肯培尔各自独立地用实验证实。1901 年，电缆加感技术首次在英国引进。第一次世界大战后，英国和美国的所有地下电缆都加载了电感线圈。

亥维赛的在传输线上加载电感线圈可以减少信号畸变的理论，

遭到普里斯等人的强烈反对，他的论文也因此被电信专业刊物所拒绝。不得已，亥维赛只好把大多数论文发表在商业性杂志《电学家》上。《电学家》是亥维赛自 1882 年开始长达二十余年发表论文的主要园地之一。而该杂志的编辑比格斯因为帮助亥维赛发表文章竟被免去编辑职务。

在和《电学家》联系的这些年间，亥维赛完成了他最重要的大部分工作。其中包括对麦克斯韦理论现代形式的改写和对电磁场中能流的发展，电报传输上的趋肤效应，带电粒子运动比光速快的解析推测以及无畸变的信号传播理论的发现等。

尽管亥维赛在电动理论方面的工作卓有成效，但他与当时的技术人员的长期隔离，致使他的著作直到 19 世纪 80 年代末仍然没有被人们所普遍接受。当然这也与人们对麦克斯韦思想的缓慢接受有关。事实上，麦克斯韦的电磁理论起初并没有打动科学界，德国和法国科学家依旧使用他们自己的超距电动力学的思想来处理电动理论，就连英国著名物理学家 W. 汤姆逊也没有真正相信过麦克斯韦的思想，更不用说普里斯等人了。

1889 年亥维赛和父母离开了伦敦，和他的哥哥查尔斯一家住在培斯顿，这是他过得比较愉快的一段时期。1887 年赫兹的经典实验使得麦克斯韦的电磁理论取得决定性胜利，人们对麦克斯韦思想的兴趣与日俱增，亥维赛著作的影响力也开始扩大。1891 年，由洛基提名，亥维赛成为英国皇家学会会员。同年，《电学家》的编辑建议亥维赛的论文应汇集成册发表，因此在 1892 年亥维赛的两卷本《电学论文集》正式出版。

亥维赛的密友菲茨杰拉德在1893年对亥维赛的《电学论文集》发表了一篇评论，由《电学家》刊发。菲茨杰拉德是一位受人尊敬的科学家，是支持麦克斯韦理论的少数人之一。在评论中，菲茨杰拉德描述了亥维赛和麦克斯韦的关系：

> 麦克斯韦和其他还没有活到开发他们所开辟的领域的先锋者一样，还没来得及探索接近这片领域的最直接的方法，也没来得及研究开发它的最系统的方法。这项工作留给了亥维赛。麦克斯韦的论文中充满着他的进攻路线、他挖掘的营地和他战斗的零星记载。亥维赛把这些东西清理干净，开拓了一条直接路线，铺成了一条宽阔大道，并且开垦了这个领域的大片领地。

菲茨杰拉德的赞扬对于人们认可亥维赛的著作起了很大作用。亥维赛工作的重要性于19世纪90年代在英国得到普遍承认。尽管如此，亥维赛的《电学论文集》当时销售量很小，在经济上并没有给他带来多少实惠。而且由于长期没有工作，亥维赛的生活开始出现窘困。1894年他的朋友在尽量不伤他自尊的前提下，想为他申请政府救济金，但遭到亥维赛的拒绝。

1. 重塑麦克斯韦方程

当麦克斯韦刚刚开始电磁学研究时，电磁学才发展了三十年，其中充满着超距电动力学与法拉第电磁场论的斗争。麦克斯韦在全面审视库仑定律、安培定律和法拉第定律这三个关于电磁现象最基本实验定律的基础上，跳出了经典力学框架的束缚，从物理意义上提出了涡旋电场和位移电流的概念，在数学上又创造了旋度、梯度和散度的符号及向量的二阶微商算符 ý^2 等有别于经典数学的矢量偏微分运算符，建立了完整的电磁场理论体系。

亥维赛认为，麦克斯韦位移电流的发明“大胆地切开了电磁理论的戈尔迪的结（指难解决的问题）”。作为麦克斯韦电磁理论的最热情的支持者和在麦克斯韦理论发展方面最杰出的后继者之一，1882—1892 年，亥维赛解释、简化和使用了麦克斯韦方程组，澄清了对麦克斯韦电磁学理论的一些错误认识。对此，F. 克莱因和惠特克曾指出：经典的麦克斯韦方程第一次以现代形式出现在亥维赛的著作里。对于电磁场的普遍方程组，麦克斯韦首先给出了笛卡儿坐标系下的 20 个电磁场的方程，然后他用哈密顿四元数的语言把它们简化为 8 个方程。

直至 1879 年麦克斯韦去世时，他留下的麦克斯韦方程并不像今天见到的这样简明清晰，麦克斯韦原始方程在形式上没有明显的对称性。在 1885 年左右，亥维赛用向量的语言把麦克斯韦的 8 个方程简化为 4 个。后来亥维赛考虑到电气工程人员理解麦克斯韦方程组的困难，又用有理化单位重新写出麦克斯韦方程组。关于有理化电学单位，亥维赛在 1891 年以前曾断断续续使用和倡导过，但是当时的理论电学和电工技术两大领域各自使用不同单位，使他未能坚持下去。

1890 年，赫兹在德国也独立地化简了麦克斯韦方程，但赫兹承认亥维赛的优先权。亥维赛和赫兹通过通信成为好友，但两人从未谋面。奇特的羞涩和耳聋使亥维赛不愿参加任何社会活动，事实上他也从来没有参加过除他的家庭以外的任何社会集会。1881 年他谢绝了拥有《电学家》股份的东方电报公司主席、海底电缆通信的开创者约翰·彭德爵士的宴请，1890 年又拒绝了只有赫兹、洛基和菲茨杰拉德这三个很欣赏他才能的人参加的私人晚宴……类似的情况屡见不鲜。当然，这对亥维赛来说损失是巨大的。

2. 能量和它的流

热力学在 19 世纪早期和中期的快速发展，使能量和能量转换显现出其重要地位。19 世纪 80 年代初，蓄电池令人惊讶的能量存储能力激起了人们对电能的研究兴趣，人们开始注意到电能的诸如其守恒甚至如何移动的更多的抽象特点。亥维赛对能量及能量转换的兴趣并不是来自哲学上的思考，而是深深地扎根于电动力学的研究。1884 年英国伯明翰大学物理学教授坡印廷从定域场能的麦克斯韦思想出发，推导出现称为坡印廷向量的 $E\times H$ 的简洁优美的表达式，用来表述电磁场中穿过单位面积上单位时间内的能量流（E 和 H 分别为电场强度及磁场强度），这是关于电磁场中能量流动的一个深刻结果。同年，亥维赛也从麦克斯韦方程出发，独立于坡印廷建立了电磁场的能流密度公式（仅比坡印廷晚几个月）。按照这种观点，电源中的能量不是通过电路中的电流传输到负载电阻上去的，而是以电路周围电磁场能流的形式传输。亥维赛在 1884 年的《电学家》中写道：

能的最大迁移方向垂直于包含磁力和电流方向的平面，

每秒钟它的量正比于它们的长度和方向夹角的正弦的乘积。

在1885年的《电学家》中他又写道：

> 在导体中能的传递不是沿着导线，而是垂直于导线，就像我在1884年6月21日《电学家》中指出的，是从外部电介体传递的。

亥维赛还讨论了能量怎样在具体位置运行的问题。对平稳电流来说，能量从电介体流动到导体，在里面耗散。而对迅速变化的电流，亥维赛进一步考虑到能量没有时间穿透导体内部，因此电流必须被限制在导体表面。这种效应现称为“趋肤效应”，后被英国实验家休斯证实。

3. 运动电荷

1876年，罗兰的运动电荷就像导线中普通电流一样也可以产生磁场的实验，促使人们开始研究运动带电体的问题。1881年，J. J. 汤姆逊首次对运动电荷的磁效应做了理论研究。他认为既然带电体运动要比不带电体运动需要外界做更多的功，带电体的动能就要比不带电体的大，即带电体应具有更大的质量。汤姆逊利用麦克斯韦方法计算了电磁质量。汤姆逊电磁质量的思想被亥维赛继承和发展。1889年，亥维赛在《哲学杂志》上发表了题为《穿过电介质的运动电荷的磁效应》的论文，纠正了汤姆逊计算中的错误。亥维赛在1888年推导关于运动电荷的电场与运动速度之间的关系时还遇到了收缩问题，其公式中含有长度收缩因子的平方，并于该年年底将问题告诉菲茨杰拉德，和他就电磁场理论和运动电荷问题进行多次讨论。1889 年，菲茨杰拉德提出收缩假说，他显然在电磁理论和迈克耳孙－莫雷实验的零结果中找到了理论和实验的结合点。1892 年洛伦兹也独立提出收缩假说。这为爱因斯坦狭义相对论的诞生预备了条件。

亥维赛在 1888 年还给出了带电粒子运动速度比光速快的解析推测，即高速带电粒子在非真空的透明介质中穿行时，粒子速度会大于介质中的光速，并于 1903 年进一步写道："……只要速度比光速大，就会产生一个圆锥形的波。"这个现象是可以观察到的，现称为切伦科夫辐射。苏联的切伦科夫、弗兰克和塔姆因发现和解释这个问题在 1958 年共同获得诺贝尔物理学奖。

四、亥维赛的数学工作

随着物理学理论的进化，数学在物理学中不再仅仅是一种纯粹的辅助工具，它已经成为物理学发展的一个重要理论基础，时常可以改变物理学理论的表达形式，并影响其所观察的事物本身。亥维赛的算子演算和向量理论就是典型的实例，它们帮助亥维赛在电磁理论的研究中取得累累硕果。运算微积和向量分析是亥维赛对数学的两大主要贡献。

1. 亥维赛的运算微积

在大多数著作里，亥维赛被认为是运算微积的发明者，今天我们知道这个说法是错误的，但这也反映出亥维赛在这个数学分支中的重要地位。事实上，运算微积可追溯到莱布尼茨，莱布尼茨的微分记号使得把微分算子看作一个代数量成为可能。算子演算在数学的各个领域都有广泛应用，它们在微分方程中特别有效。拉格朗日、拉普拉斯和柯西等首先应用了这一思想，这是算子演算的基础。从 19 世纪 30 年代到 60 年代，用符号方法解线性微分方程被格里戈里、布尔等英国数学家所发展。在此后大约三十年间，这个科目进展甚微。直到 19 世纪 90 年代，亥维赛的实验数学使得这一领域有了新的发展。

亥维赛在 1881 年《关于两平行导线之间的感应现象》的论文中已经使用算子，但他系统使用算子始于 1887 年。在计算一个电路问题时，他发现通过欧姆定律 $E=ZC$ 联系的电流 $C(t)$ 和电压 E 的关系式中，Z 是微分算子 $P=\frac{\mathrm{d}}{\mathrm{d}t}$ 的函数。亥维赛称这个函数是电阻算子，并把它当作数值量来处理。电路的电阻算子即现代电气工程师所说的广义阻抗，仍用亥维赛介绍的符号 Z 来表示。亥维赛还引进了在运算微积中起重要作用的函数 $H(t)$，其中 $H(t)=\begin{cases}1, & t\geqslant 0\\ 0, & t<0\end{cases}$，即所谓的亥维赛函数，亥维赛称其为“单位运算对象”。他给出了著名的展开定理，即用很简单的项去计算 $Z(p)$ 的部分分数展开式。在亥维赛以前，数学家仅仅用展开定理处理有理分式，而亥维赛首次把它应用于超越函数。在以算子形式书写的微分方程里，亥维赛用一种很自然的物理方式解释了算子的特征。他建立了能够直接运算算子方程的一系列规则。亥维赛对单位运算对象 $H(t)$ 的引入和

代数规则的介绍是他对运算微积的原创性贡献。

亥维赛把算子引入电学问题获得了许多对实际问题很有用的方法和结果，但多数都没有给出严格证明。亥维赛认为数学是一门伴随物理的实验科学，他的数学推理也经常受到物理直觉的引导，这种观点和做法与 19 世纪末致力于数学严密化的数学家的观点是格格不入的。因此，亥维赛的文章因经常充满没有证明的甚至矛盾的陈述也屡屡遭到数学家的拒绝。尽管如此，亥维赛仍然继续坚持并使用着他的实验数学，正如他在 1894 年所写的：

> 因为我不能完全理解消化过程就拒绝晚餐吗？不，只要我满意这个结果。

虽然当时的数学家们还不能认可和接受亥维赛的观点和做法，但由于他的算子演算往往能够得到正确的重要结果，因此在世纪之交时，数学家们开始尝试对算子理论进行严格化。

1915—1916 年，英国数学家布罗从复积分理论开始，对亥维赛的运算微积做了更进一步的解释和严格证明，德国电学工程师瓦格纳则致力于展开公式。1926 年，美国数学家、控制论创始人维纳将傅里叶变换及其推广作为处理算子微分的基础。同年，美国工程师卡森在《电路理论和算子演算》中用积分变换的方法证明了亥维赛的运算微积；而法国数学家利维通过与卷积积分联系开创了对运算微积代数处理的不同方法。之后，德国数学家古斯塔夫则以拉普拉斯变换的观点考虑了前人的工作，由于工程师们对他的高度严密化方法不感兴趣，古斯塔夫又撰写了几本关于函数及其拉普拉斯变换的实用手册，从而使他的方法被工程师们迅速接受。

2. 亥维赛的向量分析

向量分析在数学和物理学及工程技术中都有广泛应用。向量理论以其运算的简洁性和实用性为物理学发展提供了强有力的工具。在向量分析最终得到普遍认可之后，物理学家和数学家开始把向量语言大量应用于物理学和数学的各个分支，数学家还进一步对向量进行公理化，并做了更深入的研究。作为现代向量分析理论的创立者之一，亥维赛在向量理论方面的工作及其历史渊源值得我们探究。

（1）亥维赛早期的向量工作。

向量方法是亥维赛应用麦克斯韦理论来研究电学问题的一个重要工具。亥维赛把一种不含形而上学的、实用的向量代数引入电磁理论。他用更清晰的电学符号取代了麦克斯韦理论的拉格朗日框架，并且极大地简化了麦克斯韦的基本方程和符号。

亥维赛介绍向量方法的第一篇论文是他1882—1883年的《磁力和电流之间的关系》，发表在《电学家》上。文中给出了旋度的一个准定义，指出向量方法可以用来研究物理中大量有方向的量，批评了四元数由于某些原因不能使用的缺点。1883年，亥维赛在《电学家》上发表了题为《电流能》及《静电和磁关系》的论文，分别给出了两个向量的数量积和“散度”的定义。亥维赛使用术语“散度”以区别于麦克斯韦在《电磁通论》中的术语“聚度”，其意义在于这个术语与他的数量积是正值的观点相一致。1885—1886年，在发表于《电学家》上的题为《电磁感应及其传播》的系列论文里，亥维赛介绍了向量积，并用四元数的向量符号 *V* 来表示。他的向量积定义等价于现代定义，也等价于两个四元数乘积定义中的向量部分。而亥维赛向量系统的第一个统一表述，则是 1885 年发表于《哲学杂志》上的《关于电磁波表面》的论文。文中亥维赛指出他的方法和四元数方法类似，但是简化了，是介于笛卡儿和四元数方法之间的一类。虽然这篇论文只有简短两页，但其表示方法和现代向量方法完全相对应。

亥维赛早期的符号系统和四元数的符号系统有着密切联系，它保留了四元数中的数量积、向量积符号，但哈密顿算子 ý 作用于向量或数量函数的结果表述，亥维赛使用了更具物理意义的符号 grad（梯度）、div（散度）和 curl（旋度）。

此后的两三年间，亥维赛虽然在论文里继续使用向量公式，但他并没有发表有关向量分析的更有意义的创新成果。其间他收到了美国数理学家吉布斯所著的《向量分析基础》的副本。随后，亥维赛连续发表了两篇有关向量方法的总结性论文。一篇于 1891 年发表在《电学家》杂志上，一篇于 1892 年发表在《英国皇家学会会刊》上。总体上看，直到 1892 年，亥维赛的系统里仍保留着许多来自四元数系统的痕迹。

（2）亥维赛向量思想的系统化。

亥维赛的三卷本《电磁理论》是其向量思想系统化的标志性著作，也是现代意义下的向量理论的第一次公开发表。

性格古怪而又特别有趣的亥维赛撰写著述的方式别具一格。他常常将自己看待事情的观点以及对别人的看法等融入其著述之中，即使在理论的推导过程中，对那些使他不高兴的人，他也会毫不犹豫地插入一段猛烈抨击的言辞。他在《电磁理论》中对向量理论的叙述就包含在他与四元数支持者之间的辩论之中。在 19 世纪 90 年代初期，亥维赛卷入了一场由泰特挑起的关于向量方法的广泛而又激烈的争论。对亥维赛来说，战胜以泰特为主的四元数系统的大量支持者，维护他的新系统并非一件容易的事。

在《电磁理论》第一卷的开始，亥维赛提到他准备用向量理论来处理有关电的问题。随后亥维赛引入了向量，并介绍了向量的各种特征，以辩论的方式阐述了他的向量理论。他认为在几何和物理科学中处理的大多数实体是向量，而在普通代数里没有直接处理这些量的方法，因此向量代数是必需的。亥维赛指出，如果一个人试图寻找在笛卡儿数学里什么过程是最频繁发生的，他就会发现它们恰恰是在向量分析中加以系统化的那些过程，然而这些过程在四元数中并没有出现。对于四元数，亥维赛非常幽默地评论说：

> 我认为四元数是由一个美国女学生定义的“一个古老的宗教仪式”，然而，这完全是一个错误。古人——不像泰特，不知道也不崇拜四元数。四元数和它的定律是由非凡的天才哈密顿爵士发现的。四元数既不是一个向量，也不是一个数量，它是二者的一类组合，是一个高度抽象的数学概念，没有物理意义的表示。

由于四元数不能直接应用于物理学，因此亥维赛坚决反对四元数，并将其看成是一种四元数家纯粹逻辑推理的无用的符号游戏。上面的这段陈述充分表明了亥维赛实用性的辩论立场。以泰特为代表的四元数家以代数的优美性、简洁性和自然性为基础，针对向量的各种运算与向量分析家进行了激烈的辩论。而向量分析家的辩论以讲究实用为基础，认为向量分析的优点在于其运算可以与物理和几何中发现的最常见的关系很方便地对应起来。特别是亥维赛，他通过向量方法在电学问题上的应用充分展示了其有效性。不同于哈密顿、泰特和吉布斯，亥维赛没有采用希腊字母表示向量，他认为用中长黑体铅字表示向量更为合适，他用 ***AB*** 和 ***VAB*** 分别表示两个向量的数量积和向量积。向量的符号问题在 20 世纪初备受关注，数学家、物理学家和工程师们都在试图寻找向量分析的一个标准化系统，为此还专门成立了一个委员会在国际数学家大会上进行讨论。亥维赛还用一种不同于哈密顿和泰特的方式给出了向量的微分，并详细讨论了他的向量微分与哈密顿以及泰特的向量微分之间的区别。由此我们可以看出，由于亥维赛的向量系统来自四元数系统，因此，在某种意义上，对不同于四元数系统的任何一点差异他都尽量说明其理由。

（3）向量理论诞生的思想背景。

独立于四元数的向量理论的创立是 19 世纪 80 年代物理学和数学等领域的重要成就，它的产生和 17 世纪微积分的创立一样并不是偶然的，这其中既有丰富的历史背景，又包含着数学家个人的才识。

向量理论的发展历史悠久。向量术语首先由哈密顿使用，他是第一个用“向量（vector）”一词表示有向线段的数学家。向量的名词虽来自哈密顿，但把向量作为一条有向线段的思想却由来已久。事实上，古老的术语“半径向量”在18世纪已经出现。词“vector”是由拉丁词“vectum”变化而来，意为“携带”“搬运”或“运输”，隐含着将某物从此处带到彼处的意思。

向量思想的发展如同其他数学思想一样，并不是仅仅按照一个理想的单一形式进行，而是由不同领域及思想的研究发展而来。向量理论的发展主要有三条线索。

第一，发轫于古希腊的速度与力的平行四边形概念是向量理论的一个重要起源，由此发展起来的向量理论直到19世纪上半叶主要和力学应用相结合。力和速度是质点力学中的向量，随着力学的不断发展，数学物理学家们又发现了其他力学对象的向量特征。18世纪中叶，欧拉和达朗贝尔建立了刚体的一般动力系统。之后，欧拉、拉格朗日、拉普拉斯和潘索等又发现了用来描述刚体运动的力矩和角速度的向量特点。虽然在力学的研究中人们已经较为普遍地将力学对象和向量联系起来，但这一时期向量都是用笛卡儿坐标表示的，尚未出现现代意义下的简洁的向量形式表述，数学物理学家们也没有将向量抽象出来作为数学的对象进行深入研究，而只是将其作为进行力学研究的工具，这条力学线索最终未能直接产生向量理论。

第二，向量思想的发展有着深刻的几何背景。这条线索始于莱布尼茨的位置几何，但莱布尼茨的位置几何只搭建了一个框架。麦比乌斯早期的重心计算和贝拉维蒂斯的等值计算把几何实体看作既有大小又有方向的量，在某种程度上，从数学和物理应用的角度丰富了莱布尼茨的位置几何。格拉斯曼的扩张论系统是一个纯粹的形式系统，其中的元素可以根据需要赋予重要的几何含义，它使莱布尼茨系统的几何特征充分表现出来。在位置几何这一线索中，格拉斯曼的工作达到了顶峰。这条线索已经发展到和现代向量理论非常接近的程度，然而，遗憾的是，由于莱布尼茨的系统内容不足，麦比乌斯和贝拉维蒂斯的系统缺乏一般性，而格拉斯曼的系统又过于一般、抽象和偏离传统而难为时人理解，使得本来应该直接在这条线索中产生的现代向量理论，最终却未能产生。

第三，向量思想的发展与复数的几何表示有着直接关系。复数的几何表示是向量理论的又一重要思想源泉，也是向量理论起源的一条最重要的线索，亥维赛和吉布斯的现代向量理论就是在这条线索上建立发展起来的。自从 1545 年意大利数学家卡尔达诺在其《大术》中通过解方程将复数引入数学后，很长一段时间，复数都没有在数学中得到它应有的地位。直到 18 世纪人们才重新审视它的作用。为寻找复数易被接受的根据，复数的几何表示一时成为人们探讨的热点，哈密顿正是在做三维复数模拟物的过程中发现了四元数。在哈密顿的四元数分析里，两个向量的四元数积等于现代意义下的向量的数量积的负值加上它们的向量积，四元数乘法除了交换律遵循所有的普通代数规律。但哈密顿主要把四元数应用于几何学，他曾向泰特坦言自己物理知识的局限性，并且认为自己年事已高，不能再做有关四元数应用于物理学的认真研究。因此，尽管哈密顿可能已经认识到向量分析的一些重要特点，但他没有发展它也不足为怪。

作为哈密顿的继承者，泰特是 19 世纪后期四元数分析的带头人，他改变了四元数为数学而数学的发展方向，强调并发展了四元数分析中对物理科学最有用的那些部分。四元数分析的这个重要转变可以看成是现代向量分析发展的一个必要开端。

作为泰特的好友，麦克斯韦从泰特那儿得知哈密顿的四元数，把四元数思想引入他的《电磁通论》。麦克斯韦喜欢四元数概念，因为它能使物理对象清晰地呈现在数学家的眼前。但是，麦克斯韦不喜欢四元数方法，他更困惑于四元数中一个向量的平方是负值这样的事实，因为在这种情况下，速度向量产生的动能总是负的，为确保动能是正值，还必须再插入一个负号，这显得很不方便。另外，麦克斯韦在电磁理论中还进一步分开处理了四元数的数量部分和向量部分。

事实上，在麦克斯韦的《电磁通论》和泰特的《四元数基础》（1867）中，处理实际问题时最频繁出现的不是四元数的乘积 $\alpha\beta$，而是其分离的乘积 $S_{\alpha\beta}$ 和 $V_{\alpha\beta}$（即其乘积的数量部分与向量部分），麦克斯韦和泰特都相信向量方法能给物理问题提供许多好处，都感觉到了数量积和向量积是最重要的，并且四元数乘积在应用上受到限制。可惜的是泰特也许没有重视这一事实，或者他本人根本就不愿放弃四元数运算的优美特点，而麦克斯韦对待四元数的近似中庸的思想，使得他在《电磁通论》中批判性地使用了四元数。

从数学的角度看，在几何物理中任何能通过四元数方法来处理的问题，同样也能用笛卡儿坐标方法来解决。另外，由于四元数在很多情形下不能直接应用于物理学，并没有给物理学带来实质性的方便，因此，当时的物理学家们大都仍习惯于使用笛卡儿方法，而不是四元数方法。然而，随着 19 世纪中叶物理学的发展，特别是电磁理论的飞速发展，情况发生了明显变化，物理学家们在研究有关的科学问题时，每天被迫处理大量的向量实体。如果再使用笛卡儿方法来解决这些问题，那么他们每天都要面临大量烦琐的计算。这就需要一种新的方便有效的数学方法来处理，向量理论也正是在这种情形下应运而生。因此，在某种程度上，我们可以说是物理学、天文学中科学问题的强烈刺激促使了向量理论的诞生。另外，19 世纪 80 年代，科学技术迅速发展的欧洲也为向量系统的诞生提供了良好的数学环境。不同于哈密顿的四元数，亥维赛系统是在一个完全不同的环境中产生的，这个时期数学已经发生了巨大的变革，其自由创造已经具有了很高的水平，时代已经为一个新系统的诞生做好了准备。

亥维赛正是在这样的时刻出场的。他大胆彻底地放弃了四元数方法，分别定义了数量积和向量积，这是观念上的一个伟大革新。另外，亥维赛认为四元数中一个向量的平方为负值的结论是反自然的；向量就应该以向量的形式处理，只有这样才能大为简化，才能自由安排符号以适应物理需要。为了避免在两个向量的数量积中使用负号，亥维赛将其定义为正值。亥维赛顺应时代的需要，凭借敏锐的判断力决定了四元数系统里什么可以删除，什么可以选择，使得四元数系统在物理应用中的缺点在新系统中消失，完成了这个新系统创立中的最后也是最关键的一步。亥维赛发展了由麦克斯韦开拓的方向，在他的电磁学论文里广泛使用了向量的数量积、向量积和算子 ý 的运算，推导并得出了许多电磁理论的重要结果，使向量分析和不断扩展的电磁场理论紧密联系在一起。仅就这一点，亥维赛就是当之无愧的现代向量理论的创立者。

五、亥维赛的晚年生活和工作

晚年的亥维赛仍然夜以继日地工作着，他的名字也刻在了大气层上。早在 19 世纪末，已有证据提示人们，上层空气可能是导电的。一是地球磁场有微小周期性变化。鲍尔弗・斯图尔特在 1882 年提出可能是由于高处有电流的磁影响这一假设。二是无线电波的长距离传播。1901 年，意大利无线电通信奠基人马可尼实现了相隔 3000 公里的无线电波的越洋传播。为了解释上述现象，亥维赛在 1902 年为《不列颠百科全书》写的“电报理论”条目中指出：无线电信号之所以能绕地球弯曲传播，可能是大气层上空有带电粒子层的缘故。同年，美国哈佛大学肯涅利也做了同样猜测。因此有人就把电离层统称为“肯涅利－亥维赛层”或者“亥维赛层”。亥维赛还提出这种电离层是由于太阳的紫外辐射使高空的气体电离而形成的见解，与现在公认的事实完全符合。但亥维赛和肯涅利有关带电粒子层反射电磁波的假设，直到 1924 年阿普尔顿通过实验证实了上层大气确实有电离层存在之前，一直没有得到人们的足够重视。

到 1898 年为止，亥维赛已是英国电学界的名人。在美国他也很受尊敬，并在 1899 年被选为美国艺术和科学学会外国荣誉会员。

1904 年，英国皇家学会因亥维赛对电学数学理论的贡献决定授予他休斯奖章，但亥维赛谢绝了这个重要荣誉。不过，亥维赛接受了 1922 年英国电气工程师学会新设立的最高荣誉——首枚法拉第奖章。由于生活窘迫，健康每况愈下，也可能是对金钱的强烈需求，当剑桥的好朋友塞尔 1906 年写信告诉他 J. J. 汤姆逊刚刚获得诺贝尔奖时，亥维赛回信明确表达了他也希望获此大奖。对于 1912 年的诺贝尔物理学奖，亥维赛是一个很有实力的竞争者，然而，包括爱因斯坦、洛伦兹和普朗克这些精英在内，都输给了瑞典的达伦。

亥维赛终身未娶。在 1894 年和 1896 年其母亲和父亲相继去世后，经济上的考虑已是迫在眉睫。这时的亥维赛欣然接受了朋友为他申请的政府津贴，虽然一年仅有 120 英镑（从 1914 年开始提高到 220 英镑），但亥维赛已感到自己是个“很富有的人”了。1897 年，亥维赛独自搬到距离培斯顿几里的农村牛顿·阿波特，由一个老妇人做他的佣人。1908 年查尔斯又把亥维赛安排在他妻子的未婚妹妹玛丽路的位于托基城的私人寓所，此后的八年间，亥维赛的生活得到玛丽路的悉心照料。自 1916 年玛丽路离开这个寓所后，亥维赛成了真正的隐居者。越来越严重的贫困、耳聋和孤独是亥维赛晚年生活的写照。1925 年 2 月 3 日，一代天才悄然辞世。

（作者：孙庆华　包芳勋）

埃伦费斯特

现代物理学精髓的大师

保罗·埃伦费斯特

（Paul Ehrenfest，1880—1933）

维也纳出生的保罗·埃伦费斯特，是现代物理学精髓的大师；他一生致力于创造20世纪物理学的基本概念，全力以赴地保持物理学的明晰性与可理解性。他在理论物理学领域进行长期而艰苦的探索，取得许多很有意义的单项成果，并形成了自己在科学研究上的特有模式。他作为一位现代物理学家的形象并不在于艰深的数学计算和创造，而在于评价。爱因斯坦说："他有非常好的发展能力去揭示一个理论观念的本质，剥去它的数学外衣直到简单的基本思想明显地暴露出来为止。"这就是他对现代物理学本身最直接的贡献。作为一名教师，他把全部的生命都倾注于授课之中。他无限钟爱着自己的学生，并勤勉地扶持、培养和造就荷兰的下一代精英，为保持荷兰物理学传统的世界性声誉做出了非凡的贡献。

一、维也纳早年岁月

奥地利的首府维也纳是位于多瑙河畔拥有两千多年历史的文化名城。这座以"音乐之乡"著称的城市，诞生了莫扎特、舒伯特和施特劳斯这些音乐巨擘；同时也造就了精神分析学家弗洛伊德、最伟大的语言哲学家维特根斯坦、科学哲学家波普等一大批杰出大师，他们凭借巨大的成就影响着人类思想的进程。这是一个伟人聚集的故乡。

1880年1月18日，埃伦费斯特就诞生在维也纳圣·斯蒂芬大教堂的钟塔以南几公里的穷人聚居区——费伏利顿。埃伦费斯特的父亲希戈曼德·埃伦费斯特，出生于维也纳附近一个叫莫拉维亚的小小的犹太人村庄，母亲是本村一个商人的女儿。大约在1860年父母成婚后移居维也纳。当埃伦费斯特出生时，希戈曼德依靠自己的经营才能和妻子的通力合作，经过近二十年艰苦的努力，已经创建了一个生意兴隆的商行。

埃伦费斯特是这个家庭五个男孩中最小的，最长的哥哥比他大17岁，他的童年是在哥哥们介绍许多美妙生活的遐想中度过的。当埃伦费斯特5岁时，他的大哥亚瑟约就已经在维也纳完成了作为一个机械工程师所必需的学业。亚瑟约非常擅长把抽象的概念变为有说服力的日常语言表达出来，在哥哥的帮助下，埃伦费斯特像熟悉他自己的语言一样熟悉某些自然和科学的概念。1886年，他刚满6岁时直接上小学二年级。他小学成绩优秀，1890年升入一所大学的预科学校。埃伦费斯特在中学时代学习兴趣异常浓烈，他广泛阅读尼采、瓦格纳和屠格涅夫的书，并开始着迷于数学和物理。这些课外学习构成了他中学时代全部的学术生活，同时学习拉丁文、希腊文。

1899年10月，埃伦费斯特以优异的成绩进入维也纳工业大学学习化学。他选修的课程有力学、矿物学、数学、分析化学实验课等，除了上工业大学的课程，他还去维也纳大学听玻耳兹曼的课。维也纳大学是德语国家中历史最悠久的大学之一，这所大学聚集了一大批资深的名教授，如克里斯蒂安·多普勒曾在这所大学的物理系工作过，恩斯特·马赫正在这所大学讲授科学哲学课程，时任物理学教授就是统计力学的创始人路德维希·玻耳兹曼。此时的玻耳兹曼已在理论物理的许多领域赢得了世界范围的声誉，他肯定力学在自然科学领域中至高无上的地位，并将力学深入地运用于原子理论，他倾注最大精力试图用力学原理解释热力学第二定律。当以奥斯特瓦尔德为首的能量学派片面地夸大和扭曲这种方法时，玻耳兹曼马上就站出来捍卫原子论的重要地位。他坦率地认为，仅仅用旧的手段取得关于细节的直觉方法已不能适应物理学的新潮流；自然科学已超越一个时代，在这个时代中机械模型能够作为真实的和唯一的再现自然的手段。

玻耳兹曼是一位无与伦比的教师，他精通与热爱科学的同时还热心于教学，并注重把细节和过程紧密地结合起来。他精心创造了他的板书规则，那一长列清晰的公式，确切地反映一堂课完整内容的思路和框架。他总是毫不迟疑地指出和改正自己的错误，欢迎提出问题和参与讨论，他的课吸引了大批富有探求精神的学生。埃伦费斯特在玻耳兹曼那里接受了理论物理学的启蒙教育，学到了理论物理的全部精神实质，而且几年之后在他自己的教学和研究工作中也充分体现出了玻耳兹曼精神的影响。当埃伦费斯特上完大学一年级时，玻耳兹曼辞去维也纳大学的职位去了莱比锡大学。埃伦费斯特师从朗泼和哈泽内尔。哈泽内尔是玻耳兹曼的得意弟子，1906 年他接替了玻耳兹曼在维也纳大学的职位。

从 19 世纪初开始，德语世界的学生们就享有学习上的充分自由。奥地利于 1850 年进行重大教育改革，教师和学生都享有较大的自由，只要大学还有名额可以注册，学生就可以随意到任何大学去求学。1901 年 11 月，埃伦费斯特带着渴求知识的强烈欲望去了世界著名的数学圣地——格丁根大学。

二、游学时代

格丁根是位于德国西北部的下萨克森州最南端的一座小城，这座小城在近代史上颇为闻名。它坐落在海因山的山坡上，那里有一所中世纪兴办的大学——格丁根大学，两百年前它就成了德国的“数学圣地”，由高斯、狄利克雷、黎曼创立的数学传统在格丁根经久不衰。20 世纪初，格丁根数学界的领头人克莱因正致力于力学各分支的分析研究，他提出了几何学的厄兰格纲领，为几何学的发展提出了新的统一的方法，并形成了现代数学的研究精神。希尔伯特还不到 40 岁，但他在格丁根已颇有名气。他创立了数学公理化的方法，1900 年在巴黎国际数学会议上提出了著名的 23 个数学问题，数学史上称之为“希尔伯特问题”；这些问题总结了 19 世纪的数学成果和发展趋势，对 20 世纪的数学产生了持久的影响。

埃伦费斯特来格丁根大学，其一是为数学而来，其二是对斯塔克的工作感兴趣。斯塔克是来自巴伐利亚一位非常活跃的实验物理学家，27 岁时就写了大约 40 篇关于阴极射线放电及伴随现象的论文，1900 年作为讲师来到格丁根大学。1901 年 11 月，埃伦费斯特开始报名听课，其中有克莱因的力学和数学讨论课、希尔伯特的势能理论、理论物理学教授弗格脱的电学和晶体光学、阿伯拉罕的光的电磁理论、斯塔克的关于电离现象的课程等一长串的课表。他同能斯脱一起上课，一起做实验，和天文学家史瓦西及数学家策尔密洛一起工作，甚至还听哈塞的逻辑课。在这里，他很快和瑞士来的瓦尔特·里兹交上朋友，并保持终生最亲密的友谊。里兹后来成为卓越的理论物理学家和数学家。在数学上，针对变分法里泛函极值的求解问题，他提出重要的里兹方法。在光谱学上，他提出了著名的里兹组合原则，这一原则为矩阵力学的创立预备了关键性的基础。可惜他英年早逝，未能在更多的领域留下个人的印记。

克莱因除了教学工作还经常精心组织和启发年轻数学工作者独立地进行学习和研究工作。格丁根大学数学研究所有它自己的阅览室，那里拥有所有重要的书籍和杂志，学生们需要随时都能找到。阅览室的一个显著特点是集中了克莱因收集的数学模型，作为一种启发学生们的直觉及数学洞察力的有形工具。他还具有卓越的组织才能，正从事编撰《数学百科全书》的宏伟工程。就在此时，埃伦费斯特结识了一位从圣彼得堡来到格丁根名叫阿范纳西耶娃的年轻姑娘。她经常在阅览室中研习数学，是圣彼得堡一位土木工程师的独生女儿。童年时她的父亲就去世了，她是在圣彼得堡综合技术学院任教授的无儿无女的伯父彼特·阿范纳茜尔耶夫家长大的。阿范纳茜耶娃很小就显示出数学才能，她从圣彼得堡师范学校学完了三年的数学和自然科学课程后进入圣彼得堡女子大学，在数学方面显示出超群的才华，并于 1902 年来到格丁根大学继续学习数学和自然科学。对她来说，数学和自然科学已不仅是要学习的课程和将来进行专业研究的必要训练，而且已经成为她那生机勃勃、令人振奋的学术生活的核心。她把敏锐的头脑、绝对独立的精神和坚强的生活态度结合起来，使她能经受得起今后的各种考验。她的个人生活准则十分严谨，有着强烈的愿望和严格的责任感，对所有工作都要求圆满完成。她非常善于并乐于结交朋友，她的房间经常成为朋友们聚会和热烈讨论问题的中心。埃伦费斯特很快与阿范纳茜耶娃建立了深厚的情谊，并于 1904 年 12 月 21 日在维也纳正式结婚。

在格丁根大学学习的一年半中，埃伦费斯特的独创性得到了迅速发展，他开始用装在口袋里的小笔记本有系统地记录他自己的许多想法，他一生中带着这样的本子到各处去，并记下随时出现的问题，这些问题成为他日后发表论文时许多学术思想的起源。

1903 年 4 月初，埃伦费斯特决定到荷兰莱顿大学去听洛伦兹的理论物理课，然后再回到维也纳大学继续完成他在那里的研究工作。他一到莱顿大学就去拜访卡末林·昂里斯的低温实验室，这是在昂里斯取得伟大发现的前几年，当时低温物理已成为物理学研究的热点。在莱顿大学的几个星期，他如饥似渴地读完了几本托尔斯泰的著作，同时他研读克劳修斯、麦克斯韦、玻耳兹曼的经典论文，特别是马克斯·普朗克写的许多论文和吉布斯的最新观点，还读了当时在瑞士尚不为人所知的阿尔伯特·爱因斯坦的几篇文章，这个方面对于埃伦费斯特来说是全新的领域。洛伦兹关于辐射的课程启发了埃伦费斯特的研究工作，这一研究领域改变了后来几十年物理学界的面貌。对埃伦费斯特来说，比介绍辐射问题更重要的是他第一次和洛伦兹相识。埃伦费斯特不可能想象到，洛伦兹和莱顿大学在九年后将会成为他生活的中心。这次初访，埃伦费斯特还和洛伦兹进行了实质性的接触。那是他要离开莱顿之前的那个晚上，洛伦兹在家里热情地款待了他，他待人宽厚的胸襟和天生的高贵气质给埃伦费斯特留下了清晰、生动的印象。这是他生平第一次领略到这种印象，并深深地珍藏在自己的心中。

5月底，埃伦费斯特回到了维也纳大学，立即拜访了从莱比锡大学回到维也纳大学的玻耳兹曼教授，并以《液体中的刚体运动和赫兹力学》的论文在玻耳兹曼门下于1904年7月23日取得了博士学位。

埃伦费斯特不是那种把自己关在书斋里独自苦思冥想的思想家，他需要同别人讨论他的各种想法，与那些有批判精神的、有能力的同事进行辩论，并最后得出结论；而阿范纳茜耶娃是这一角色最合适的人选，她思维敏捷且逻辑性强，这自然地衬托出埃伦费斯特那更加富有创造的头脑，而且她同他一样极力深入到问题的本质。即使她并不完全清楚一些引出物理学理论的问题，也能直接抓住问题的要点，并提出许多关于逻辑结构方面的论证，使她丈夫的工作走上正轨。他们的合作始于1906年初出版的合写的论文，这篇文章指出了吉布斯《统计力学》一书中的一个基本错误。在维也纳大学取得博士学位后的一年多时间里，虽然埃伦费斯特夫妇俩在维也纳大学没有学术职务，但他始终和他的导师玻耳兹曼的学术团体保持频繁的学术交流和亲密无间的私人情谊。

三、埃伦费斯特“瓮”模型

1906年，埃伦费斯特一家离开维也纳大学来到了格丁根大学。这是他们四年前相遇、愉快而令人兴奋的大学环境。就在这一年的 9 月 6 日，埃伦费斯特的导师玻耳兹曼辞世，他那支好战的笔终于停止了战斗。1875 年，玻耳兹曼运用分布函数及其对数的乘积在相空间中的积分，定义一个热力学函数，用符号 H 表示，并且证明，在一个孤立系统里，H 总是随时间而单调减少或不增加。这被称为“H 定理”。这一定理既直接隐含了时间之矢的深刻思想，也证明了热力学平衡态的存在，并把克劳修斯“熵”定义推广到非平衡态。

玻耳兹曼维也纳大学的同事洛施密特对他的工作进行重大质疑。他声称永远不可能从力学可逆定律导出向平衡态的趋近和伴随熵的增加，并且认为观察到的自然界中熵增加过程仅仅是特殊的初始条件在世界上发生的结果而不是分子运动的定律。正如玻耳兹曼所说的，这是一个“非常有吸引力”的争论。1877 年，玻耳兹曼在他的论文中断言热力学第二定律从本质上说是概率定律：一个系统从内在的低概率状态向较高概率的状态演变时，平衡态是具有最大概率的状态；熵的增加在这个不可逆演变中不是偶然的，因为熵正是这个概率合适的量度。1890 年，昂利・彭加勒证明：对任意一个粒子组成的系统，任意的由粒子的位置和速度确定的组态会在任何给定的误差内重复出现。1895 年，作为普朗克的助手策尔密洛从彭加勒定理出发再次向玻耳兹曼的不可逆性推导的意见提出新的诘难。他认为，没有一个力学系统能够不可逆地演变到一个平衡态。所以，物理学必须在热力学第二定律和自然的力学解释之间选择一个，中间地带是不可能的。玻耳兹曼重复他经常的观点很快做出回答：支配气体行为的定律并不是纯粹的力学定律；它们实际上是统计性的。从分子观点来看，热力学第二定律仅仅是概率的定律。

埃伦费斯特夫妇一直在分析对玻耳兹曼用统计力学解释热力学第二定律的一些反对意见，他们发现：无论洛施密特利用可逆性来反对或者策尔密洛用再现性来反对玻耳兹曼的 H 定理，都不足以表明玻耳兹曼概念内部存在的不一致性。他们在讨论各种反对意见的逻辑推理过程中，忽然产生一个异常简单的思想模型，这一模型提出人们如何想象由玻耳兹曼所断定的行为，并且使玻耳兹曼试图要说出来的东西更清楚地显示出来。

> 设想我们有 N 个球（比如 100 个），把它们从 1 到 N 标记起来，这样它们互相之间能够有所区别，它们在某个瞬间分布在两个缸子中以至于 A 缸中包含 P_0 个球（比如 90 个）而 B 缸中有 $Q_0=N-P$ 个球（因此是 10 个），但并不知道具体哪一个球在 A 哪一个球在 B 中。我们在一个袋子里还有 N 张从 1 到 N 的彩票。每 10 秒钟抽出一张，它的数目被宣布后，再放回到袋中，而且这些彩票是完全被混起来的。然后再抽另外一张，宣布这个数。每次一个数被宣布，含有这个数的球从缸中跳出来，再跳到另一只缸子中，并且一直待到再被抽出来为止。注意：经常是含球多的缸子中的球比含球少的缸子中的球更易被叫到。所以只要缸 A 仍比缸 B 满的话，随后抽出的彩票大多数将是使球从缸 A 抽出来到缸 B，而只有很少的情况是将球从缸 B 抽

到缸 A 中。

很清楚，埃伦费斯特的模型至少定性地抓住了玻耳兹曼的基本观点：倾向于平衡态（在这种情况中两个缸子的分布近似相等），因为使系统走向平衡态比离开平衡态的道路多得多，用这一模型可以使玻耳兹曼理论的本质特征明确而简洁地突出出来。埃伦费斯特风趣地把这一模型称为“狗－跳蚤模型”（后人称为埃伦费斯特“瓮”模型）。从这一模型的分析中还能够看到更多的东西。埃伦费斯特的模型在格丁根玻耳兹曼的研讨会上博得了同行们的好评。

此时，格丁根的数学领头人克莱因正在组织编写一部《数学百科全书》。这部百科全书的撰稿者则是来自许多国家的著名科学家。克莱因为追求实现百科全书的理想付出了巨大的激情和努力，依靠他的自信心和洞察力，他顺利地找到了合适的每一位撰稿者。1906年，玻耳兹曼辞世，统计力学的评论性文章的撰稿人尚未确定，埃伦费斯特在研讨会上的讲演使克莱因找到了合适的人选。埃伦费斯特，玻耳兹曼的学生，他不但了解其导师思想的复杂性，而且还具有把这些思想讲得活灵活现的非凡才智。他用其基本的表述技巧可以毫不费力地处理好这篇文章中发生的任何问题。克莱因热情地邀请了埃伦费斯特夫妇共同为《数学百科全书》撰写这篇文章，写这篇文章必须做的就是要把这些难题清楚明白地叙述出来，并说明它们是如何发生和发展的。埃伦费斯特接受了这一稿约，并准备与妻子共同开始这项研究事业。由于在格丁根大学没有学术职位，夫妻俩只得依靠一小笔收入维持最基本的生活。1907年秋，埃伦费斯特一家决定从格丁根迁往俄国的圣彼得堡。

四、圣彼得堡的学术生涯

圣彼得堡是一座美丽的城市，涅瓦桥头上的"白夜"的星空，壮丽的太阳，林立的圆顶教堂，周边辽阔的田园风光，远处的云杉林和长满苔藓、蘑菇的土地发出令人陶醉的芳香，把圣彼得堡衬托得更加绚丽迷人。"围绕圣彼得堡工学院的松柏林，雪压枝头，白霜重重，淡薄的朝晖，黄昏中衣着厚实的学生们来去匆匆的身影……"这些都展示着这座城市最诱人的情怀。圣彼得堡是阿范纳茜耶娃的故乡，多年欧洲不定的生活，使她一下子产生了实实在在的回家的感觉。1905 年初被沙俄政府关闭的大学 1906 年秋又重新开学，并恢复了各自的自主权。夫妇俩对圣彼得堡充满着乐观和希望。

到圣彼得堡后不久，埃伦费斯特就马上找到了俄国年轻一代的物理学家和数学家，并和他们建立联系。俄国人对出现在圣彼得堡科学界的新人以及他带来的生机和活力表示高兴。很快埃伦费斯特就结识了年轻的数学家弗里德曼，并在第一个冬天会见了俄国最重要的人物亚伯拉姆·约飞。约飞是乌克兰犹太人，比埃伦费斯特小几个月，曾就读于圣彼得堡工学院学习工程学，又到慕尼黑在 X 射线的发现者伦琴的实验室做研究工作，以最优异成绩获博士学位后于 1906 年回到俄国。他想运用 X 射线去研究晶体的可塑性和光电效应的科研计划在圣彼得堡并不受欢迎。但当时圣彼得堡的物理学界非常需要约飞和埃伦费斯特带来的新精神。

约飞和埃伦费斯特见面后立刻成了好朋友，约飞是圣彼得堡青年物理学家小组的成员之一，这个小组每隔一周定期聚会一次，通常是在埃伦费斯特家中进行，活跃地讨论物理学中当前有兴趣的问题。这个物理学研讨实际上是一个非正式和非官方的机构，由埃伦费斯特组织，它后来成为约飞创立苏联物理学学派的基础，也为埃伦费斯特几年以后在莱顿创立物理学研讨会积累了经验。许多年以后，埃伦费斯特还能清楚地回忆起在俄国的自由交谈时光，"与俄国朋友促膝谈心"，"在拥挤的小屋里，一边交谈，一边喝茶，直至深夜，然后和一两位挚友在圣彼得堡冬夜漫长的街道上散步，严寒逼人，衣装紧裹，只露出双眼……"。

1908 年 8 月，埃伦费斯特夫妇经过两年多的艰苦研究，终于完成为《数学百科全书》所写的关于统计力学的"发展报告"，即《力学的统计方法概念之基础》的专论。在这篇专论中，他们明确地提出这个理论的逻辑结构，阐明了当时统计力学中还存在着的若干概念上的模糊和矛盾，清晰地指出各态历经假说在阐释时间平均和系综平均之间的关系中的作用，从而引起许多物理学家对此问题的关注。

从 1872 年玻耳兹曼的 H 定理引起的争论已经改变了整体的讨论水平，这篇"发展报告"强调了较早期更朴素的克劳修斯的工作、麦克斯韦和年轻的玻耳兹曼的工作与后来的玻耳兹曼更自觉的工作之间的基本差别。吉布斯的工作放在三个主要部分的最后一部分中。吉布斯力图建立一个统计力学的演绎系统，但是埃伦费斯特夫妇认为这个企图过早了，并且在许多方面是不充分的。这篇《数学百科全书》的文章是用他的特殊风格写的，每一节使一个观点尽可能地明确。没有任何填料，没有多余的东西。用最少的数学手段，只给出几个方程，也没有计算和推导。

埃伦费斯特夫妇在这篇文章中创造了“准各态历经假说”的概念。各态历经假说是玻耳兹曼于 1871 年提出的，意在把统计规律性还原为力学规律性。各态历经假说认为：力学系统从任一动态开始运动后，只要时间足够长，它将经过能量曲面上的一切微观运动状态的所有代表点。

从各态历经假说可以证明：力学系统现状态的函数在足够长时间上的平均等于它在微正则系综上所取的平均，即在相应的能量曲面上所取的平均。若用 $\hat{A}$ 表示 A 沿运动轨道的长时间平均，用 $\overline{A}$ 表示 A 在微正则系综上的平均，即有 $\hat{A}=\overline{A}$。

可以证明，力学系统代表点的轨迹不可能通过能量曲面上的每一个点，也就是说，各态历经假说对于一个孤立系统而言是不正确的。后来，不少人对这一假说产生怀疑，埃伦费斯特夫妇研究后提出了“准各态历经假说”，即代表点可以无限接近于能量曲面上的任何点。这一假设对当时理解统计物理的基本统计规律起到了积极的作用。现在人们意识到，建立在等概率原理基础上的微正则系综才是统计物理的基本统计假设，它不能从力学规律中推导出来。

在这篇《力学的统计方法概念之基础》的“发展报告”中，夫妇俩并不满意吉布斯关于“非定常系综”的处理。他们认为 H 定理的方法更为直接，吉布斯的工作不能保证达到平衡态，也未能进一步说明达到平衡态所需要的时间。他们认为：吉布斯所采取的谨慎方法限制了他的目标，“阻碍了作者企图去解释自然界的秘密，并且强制他只能满足于比较有节制的目标，即推论一些与力学的统计分支有关的明确的命题”。当克莱因收到这篇专论时非常满意，并给埃伦费斯特寄了一封热情的来信。

在圣彼得堡度过的五年中，尽管他没有一个固定的大学职位，但不论到哪里都在不停地工作，他的笔记本上记满了科研工作中的疑问，而且在俄国发表了 15 篇有一定分量的论文，他在俄国的名声已经超出了以前。他纠正了瑞利勋爵在光程差确定波速度方面的一个错误概念，对相对论中刚体概念提出了本质性的疑问，还对热力学中的原理进行了基本研究，并在量子理论方面写了一篇重要的论文。他是俄国革命前出版的物理学方面唯一学术杂志《俄罗斯物理化学学报》的编辑部成员，编辑工作使他接触到遍布全俄的许多物理学家。1910 年，圣彼得堡工学院把预算过剩的富裕资金投到埃伦费斯特身上，让他开设一门数学物理微分方程的特殊课程。约飞在大约半个世纪后这样写道：“从来还没有过对这个经典题目的表述能如此和谐地把数学和物理组成一个整体。”然而，尽管他的课程精彩无比，当多余的经费花光后，学校没有再任用他。他的夫人阿范纳西耶娃正从事她自己的科研工作，她参与现代俄国数学教学的改革运动；但靠他们微薄的收入在俄国生活愈来愈难以维持，而且由于他的犹太人身份，在莫斯科或圣彼得堡获得大学职位的前景并不光明。1911 年初，俄国的前景十分凄凉，新任的教育大臣凯松对大学实行铁腕统治，莫斯科的大学生们大批地被开除，许多优秀的教员或是被解职，或是辞职以示抗议。埃伦费斯特在笔记本中吐露出自己的心声：“现在我总感到，我将永远无法在俄国建功立业。”1912 年春天，他进行了长达两个月的中欧和西欧之行，他会见了索末菲和爱因斯坦等人，让世界著名物理学家们了解他工作的意义。

五、莱顿的召唤

荷兰是位于欧洲西北部的一个小国，在它的西海岸有一座莱顿小城，三百多年前奥伦治公爵威廉一世在这里创立了一所大学——莱顿大学。惠更斯和穆欣布罗克在这所大学开创了近代物理学的传统，也开始了荷兰物理学经久不衰的历史。20 世纪初叶，昂里斯在这里主持着世界上最早的低温物理实验室，他凭借着自己的组织天才为未来大型研究实验室的创立树立了典范。1908 年他首先成功地制造出了液氦，1911 年他又发现了超导现象，1912 年作为低温物理学领域仁慈的霸主，他已达到了事业的顶峰。

洛伦兹，这位成熟的大师，正在主持着莱顿大学的物理系，他的全部生活都表现为严格精神的大师风范。他能够透彻地深入到人类最纯洁的感情、希望与才能之中，他具有天生的贵族气质、近乎古典的讲课方式、从人品中散发出来的特殊魅力；尽管他没有学术上的自负，但每个人都能感觉到他的权威性。直到 40 岁时他还没有跟外国科学家的个人接触，甚至没有参加过邻国的科学会议。当他从封闭状态中走出来时，很快被公认为“毫无争议的所有国家中理论物理学的领袖人物”。此时他刚刚 59 岁，正准备辞去莱顿大学的教授职务，去哈勒姆任泰勒学院的学监。他首选爱因斯坦作为他的莱顿接班人，不过，在布拉格大学任教授的爱因斯坦，正期待着苏黎世综合工业学院或瑞士的联邦技术学院的任命。当洛伦兹邀请他时，爱因斯坦“以沉重的心情像一个儿子做了使他父亲受委屈的事一样”，谢绝了洛伦兹的盛邀。

由于爱因斯坦的谢绝，埃伦费斯特的名字很快呈现在洛伦兹面前，洛伦兹曾读过埃伦费斯特夫妇《力学的统计方法概念之基础》的百科全书文章，很欣赏夫妇俩用大师式的方法讨论和阐述那些难以理解的东西。洛伦兹还读了埃伦费斯特 1911 年关于量子理论本质特性的文章，称赞他具有解决非常复杂理论问题的能力。1912 年 9 月 29 日下午，埃伦费斯特收到一封莱顿发来的电报，洛伦兹用父亲般的语调邀请他作为他在莱顿大学的接班人。这封意义深远的信使他们一家立刻沉浸于喜悦之中，埃伦费斯特马上向洛伦兹回信写道：“尽管我对莱顿的语言有很大困难，但我将愿意无条件地去莱顿那样的大学。”1912 年 10 月 17 日，埃伦费斯特一家终于抵达九年前曾经拜访过的到处充满着郁金香的城市。莱顿人对这位新教授了解很少，12 月 4 日，埃伦费斯特在莱顿大学发表了关于光的以太假说的“危机”的就职演讲。他全身心地投入到演讲的角色中，他那活跃的想象力、高度通俗化的语言、生动的手势、灵活多变的表情、扣人心弦的悬念、令人震撼的高贵人格，加上他讲解中特有的清晰性和逻辑结构的严密性，给有幸聆听这次演讲的每一位听众都留下了全新的、难以忘怀的印象。

到莱顿后，由于他的不懈努力，莱顿大学立即成为世界上一个热烈讨论科学问题的中心。1912 年 10 月，埃伦费斯特刚到莱顿几周，他就创立了星期三晚上的讨论会，这已成为荷兰物理学界定期聚会的日子，并对世界理论物理学界的研究方式产生了影响。他重新组建了以 17 世纪荷兰伟大的物理学家惠更斯命名的历史悠久的物理学学生团体，使这个团体重新焕发活力，并使它变成不同年龄、不同社会地位、不同专业兴趣的自然科学学生之间建立学术联系的重要场所。这个团体很快吸引了许多本校和外校来的学生，如很有才能并有贵族气派的克拉默斯原是学生会的成员，埃伦费斯特说服他离开学生会而加入了惠更斯学会。而斯特罗伊克，他是在鹿特丹的学数学的学生。惠更斯学会的活动独具特色，时间长短和内容深浅不限，会上可掺杂着活跃的讨论、简短的交谈，甚至还可喝点咖啡。埃伦费斯特是这个聚会的常客，他积极参加讨论并以身作则地表达他对科学的热爱。这个学会为荷兰科学界孕育了坚实的后备力量。

为了促进莱顿大学的学术生活，埃伦费斯特雄心勃勃地计划组建物理学阅览室。由伟大数学家克莱因教授建立的格丁根大学的数学阅览室在他的脑海中已形成了具体而清晰的范例：阅览室应该是小而实用的，而且应是舒适的工作和阅读的场所，必须拥有主要的教科书和论文，还须有物理学领域过去的和最新的论文集及主要的专业期刊，并保证对所有学生开放。洛伦兹深感这位年轻的继承人对事业的满腔热忱，在他的帮助下，阅览室得到了包斯恰尔博士的儿子的捐助。包斯恰尔博士是德尔夫特技术学院前院长，是洛伦兹的老朋友和老同事，在不久前刚去世。阅览室以包斯恰尔的名字命名，并于1913年5月开放。这个阅览室后来变得广为人知，并对莱顿大学后来的几代学生都产生了重要影响，也成了其他大学设置同样阅览室的示范。

六、莱顿的再次辉煌

埃伦费斯特除全力投入科学活动和授课外，还竭力去解决那些他所热爱的科学中悬而未决的问题。为了掌握普朗克1900年将能量子引入物理学的全部意义，他整整奋斗了十年。他是最先试图厘清那些含蓄的假说的人之一，也是最早领悟到其中包含重大问题的人之一。1911年他就明确地指出了早期量子论的主要特点，并且严格证明了如果空腔中的黑体辐射能量是有限的话，那么电磁振动的能量只能不连续地改变。这就使人们清楚地看出对于黑体辐射普朗克量子假说不仅是充分的，而且是必要的。他还证明了对一个谐振子来说唯一可以量子化的变量是能量与频率之比E/v。当足够缓慢也就是"浸渐"地改变决定频率的那些参数，唯有E/v不变。

"浸渐"，表示无限缓慢的变化过程，这个概念起源于玻耳兹曼和克劳修斯企图将热力学第二定律还原为纯力学的尝试。1912年12月20日晚和次日，埃伦费斯特一直在对一个隐约感到的新关系穷追不舍，他发现这个复杂纷呈的量子理论与他几年前在其他不同情况下研究过的一个定律有关系。埃伦费斯特在这个定律中发现他需要进一步发展1911年的思想方法，试图用相空间的权重函数来解释黑体辐射公式。他注意到，充满辐射的真空的浸渐变化正如维恩所考虑的那样，需要形式为 $\delta'(E/v)$（δ' 是指一种浸渐的变分）的函数。1912 年 12 月 23 日，他在一封信中向洛伦兹报告了他在量子假说方面得到的一种想法。他提出：“对于一个充有辐射并由反射壁面包围着的体积的无限缓慢的压缩来说，下列的量对于体积的一切振模来说都将保持恒定：E/v（E 是能量而 v 是辐射的频率）。”也可以写作 $\delta'(E/v)=0$。

1913 年 5 月，通过减弱外力把振动浸渐变换为转动的讨论，埃伦费斯特成功地证明了表达式：$E_{动能}=nhv/2$ 或 $P=nh/2\pi$。

对于自由转子也是正确的。1913 年 11 月，他提出了两个带有普遍性的问题。对于任意周期系统，是否存在类似于谐振子的 E/v 不变这样一种绝热关系？是否可以保持普朗克公式 $E/v=nh$？第一个问题玻耳兹曼和克劳修斯已经做出了肯定的回答。他们在一条定理中断言：“一个体系的平均能量在一个浸渐动作下保持不变。”第二个问题，埃伦费斯特利用将通过一个奇异点的两个环路推广成了适用于具有 f 个自由度，依赖于 r 个参量 a_1、…、a_r，并对变量和参量的一切值都有周期性的任何体系的一条定理。这条定理表明，在一次浸渐变化下，体系的平均能量将和频率成比例地增大或减小，从而改写了上述的正确表式以便应用于自由转子的情况，并得到 $p=nh/2\pi$。

1913 年 11 月 29 日，洛伦兹向阿姆斯特丹科学院转交他的继任者的一篇论文，题为《玻耳兹曼的一个力学定理及其和能量子理论的关系》。在这篇论文中，埃伦费斯特叙述了他所说的浸渐关系式，即 $E_A/V_A=E_B/V_B$。

式中 E_A 和 E_B 代表体系 A 和 B 的平均动能，而 V_A 和 V_B 代表它们的频率。体系 A 和 B 是通过浸渐变换来互相联系的，爱因斯坦立马将埃伦费斯特的浸渐关系式称为“浸渐假设”。

1916 年，埃伦费斯特用更为简洁明确的语言对浸渐假设做出了清晰的表达：参量的浸渐变化将某些允许的路径变换成另一些允许的路径，这样就有可能从一个已知系统的量子化推导出另一些系统的量子化。在埃伦费斯特的浸渐假设的激励下，尼尔斯 · 玻尔于 1918 年得到了对应原理的量子论。如果说对应原理在经典物理学和量子力学之间架起了一座桥梁，那么埃伦费斯特的浸渐假设是经典物理学和量子力学之间的另一座桥梁。在旧量子论的发展处于困难时（当时连能量守恒和动量守恒这些定律都受到怀疑），这一原理成为建立量子方程的普遍性方法道路上一个不可逾越的里程碑。

埃伦费斯特的贡献是多方面的，1914 年他在研究普朗克关于辐射中的熵的早期论文中，发现了辐射能量单元在组合分配时的一个因子的错误，并用自己独特有趣的方案给出透彻明确的思路，从而导致得到正确的易理解的组合公式。1933 年，埃伦费斯特根据有关在超导体和液氮中比热不连续的现象，首次提出热力学中二级相变的概念，并得到在二级平衡相变中，系统的压强随温度变化的两种关系，即 $\frac{\mathrm{d}p}{\mathrm{d}T}=\frac{\alpha-\alpha_1}{k_2-k_1}$ 和 $\frac{\mathrm{d}p}{\mathrm{d}T}=\frac{cp_2-cp_1}{Tv(\alpha_2-\alpha_1)}$。式中 p 和 T 分别为发生二级相变时的压强和温度，cp_1 和 cp_2 分别为两相的定压比热容，α_1 和 α_2 分别为两相的热胀系数，k_1 和 k_2 为等温压缩系数，v 为物质在发生二级相变时的比容，$\frac{\mathrm{d}p}{\mathrm{d}T}$ 则表示发生二级相变时其压强与温度的关系。这些关系被后人称为“埃伦费斯特方程”。它相当于一级相变中克拉珀龙方程的作用，是控制相变进行方向所必需的条件。他的学生拉特格斯将埃伦费斯特理论应用于超导体后，得到了描述转变点比热的跃变同临界场对温度的导数之间的关系，即拉特格斯公式。

七、勤勉的教育者

埃伦费斯特生来就是一位伟大的教师，他有着非凡的驾驭课堂的能力，明确表达的演讲才能，善于抓住问题的核心，这只是他教学艺术的一个部分。他还有一种与人进行苏格拉底式谈话的才能，并处处与他的学生和同事进行这种谈话，通过他固执而富于批评性的提问，使真理自然地显露出来。埃伦费斯特在莱顿大学的第一年开设了数学物理微分方程课程，这门课程是为接触理论物理学的学生们上的。“我尽可能地展开这门课，使数学的演算简化，犹如这种精确的关系式是凭直觉推演出来的。”通过这些使他的学生们能够深入地理解数学、物理的观点，这在当时是远远走在时代前面的。索末菲对埃伦费斯特的讲课才能有着很深的印象：“他讲起课来像一位大师，我从来没听到过任何人讲课有那么强的感染力，有意义的成语，幽默而又辩证，在他的讲话中到处可见他那非同寻常的方法。他处理黑板的方式也很有特点，讲课的板书安排都为听众以最可能清楚的方式在黑板上展示出来。他知道如何使最困难的东西具体化，数学的讨论被他转换成很容易理解的图像。”埃伦费斯特自己也深有感触地说：“把我自认为已经弄懂了的东西传授给别人是一大乐趣，享受这种乐趣是我生活中最重要的部分。”他勤勉地教育和培养荷兰下一代的精英，把全部的心血都倾注在他们身上。他指导的第一个博士生就是伯克斯。

当伯克斯从他的家乡哈勒姆来到莱顿时只有 19 岁，由于他在物理和数学上的天赋，埃伦费斯特像父辈一样关爱和激励他。在埃伦费斯特的鼓励下，伯克斯刚进入大学还不到一年就成功地通过了他的资格考试（相当于学士学位）；1916 年和 1917 年伯克斯扩展了埃伦费斯特关于浸渐假设的工作，受到了索末菲高度的评价；1918 年取得博士学位，后来成为德尔夫特技术学院流体力学教授。伯克斯说道：“埃伦费斯特教给我们如何阅读科学论文，如何找出由作者所做的假设，尤其是寻找出不太明确的假设。他的强有力的分析头脑使我们对物理理论中许多难以捉摸的问题开了眼界。他总是努力解释新想法……他将理论物理学作为一个整体教授给我们。”

接着是克拉默斯，他 1912 年从鹿特丹来到莱顿大学开始听洛伦兹和埃伦费斯特的课程，1916 年去了哥本哈根后和玻尔、海森伯进行长达十年相当成功的合作。1919 年向埃伦费斯特提交论文并获得博士学位。1934 年继他的老师埃伦费斯特任莱顿大学的理论物理学教授。他一生研究几乎遍及理论物理学的所有领域，1946 年当选为联合国原子能委员会的科学技术委员会主席。

卡西米尔生于海牙，他的父亲和埃伦费斯特是好友。1926 年 9 月，卡西米尔师从埃伦费斯特学习物理，1931 年 11 月完成博士学位论文。埃伦费斯特对他期望甚殷，亲自把他送到哥本哈根玻尔门下，后又去苏黎世随泡利一起工作。他才气横溢，一到哥本哈根就提出了一种有关原子核问题的理论计算方法，从而震惊了同道们。后来转而研究超导问题，成为这一领域中的重要人物之一。卡西米尔回忆说：

> 埃伦费斯特把清晰有力的表述方式教给了我，他是用简单的例子来阐明物理理论的精髓的大师。后来，泡利曾迫使我不要回避费力的数学分析，而玻尔则教我对实在理解得更深刻。

1936 年，卡西米尔成为莱顿实验室德哈斯的高级助手，1939 年成为莱顿大学的教授。

戈特 1927 年师从埃伦费斯特和昂内斯实验室德哈斯。1932 年以题为《盐类的顺磁性》的论文获得博士学位，1934 年和卡西米尔一起提出超导体的“一二流体”模型和超导体的热力学问题，1946 年成为莱顿大学的教授和昂内斯实验室的主任。戈特在低温物理学和磁学领域都做出了巨大贡献，1966 年获得第五届弗里茨·伦敦奖。卡西米尔称戈特是“他那一代人中最杰出的荷兰实验物理学家”。戈特自己说道：“作为一个在莱顿的学生，我受到了理论物理学教授保罗·埃伦费斯特的强烈影响。”

除这些弟子外，还有提出电子自旋理论的乌伦贝克和古德斯密特。当年轻的乌伦贝克与古德斯密特最初把他们发现电子自旋的论文告知埃伦费斯特时，埃伦费斯特立即鼓励他们把这一发现写成一篇短文交给他寄出发表。这篇文章问世后，立即得到海森伯的好评，因为它解决了原子物理学中所有现存的困难。乌伦贝克后来成为美国密歇根大学教授，而古德斯密特后来成为美国国立布鲁克海文实验室研究员。同时还有在超导领域颇有建树的拉特格斯等一大批杰出弟子。埃伦费斯特全身心地钟爱着自己的学生，为他们服务，从内心深处真切地帮助他们。爱因斯坦写道："他不仅仅是我见过的最好的教师，并且他还热情地关注别人事业的发展与命运，特别是他的学生们。理解别人，获得别人的友谊和信任，帮助任何卷入内外斗争的人，鼓励年轻的人才——所有这些都是他真正的才能，这种才能有时几乎胜过他解决科学问题的能力。"

八、生活在伟人的光环下

理论物理学是一门广博而艰深、思维力强的学科，特别是经历19世纪统计力学和20世纪量子理论的发展，开始失去了它的可理解性和表述的明晰性。作为20世纪的一位理论物理学家，研究的题材范围越来越大，但真正完成的工作量可能很小。瑞利一生发表了450篇科学论文，涉及数学物理的各个方面，还有许多实验问题；洛伦兹花了半个世纪的时间几乎对每个问题都做了充分而又深入的研究；吉布斯写了30篇左右论文仅仅论述了三到四个基本课题；尼尔斯·玻尔的经历如此之长，仅仅研究解决了几个问题；但埃伦费斯特却真正进入了"真理存在的深渊"。

现代物理学的飞速发展对埃伦费斯特也提出了新的要求，他必须全力以赴去解决当前正困扰着理论物理学家的最新问题。他喜欢和那些非常有见解的对手进行热烈讨论，并在讨论中锤炼自己的想法使它趋于成形。他那位聪慧的、像他一样沉醉于科学问题的妻子，充当他渴望的这种讨论的积极参与者，她的批评意见使他得出众多富有创建的成果。他写了几十册笔记，其中记录从中学时代起直到逝世时自己提出的问题，在科学讨论会上他经常提出一些使人为难的问题，有时会被认为愚蠢而引起一阵笑声；但他从不退却，直到弄清了问题的症结所在。他逝世前写的一篇文章中提出了许多关于量子力学根本性的被别人认为难以理解甚至是毫无意义的问题。泡利不久就在一篇文章中对其中的部分问题做了认真的讨论。

埃伦费斯特经常惋惜在他的工作中缺少中心指导原理，他希望能够像他的老师玻耳兹曼那样，在统计力学的一个完整的领域中做出巨大贡献；或者像他的同辈爱因斯坦那样创造出物理学的一个新基础；但是埃伦费斯特非常清楚地知道，他缺乏高水平研究所需要的不寻常的综合洞察力、智力以及不屈不挠的推动力，他或许不可能解决在他那个时代里最深的问题。他时常抱怨自己没有找到指导他工作的重要原则，未能建立起一个他和别人能够不断发展的结构。当他仅有 32 岁时，有幸在他所从事的领域中取代一位成熟的大师，而且是一位正处于其事业的巅峰上的大师；对他来说，这既意味着是一种荣誉，同时也意味着一种异乎寻常的责任和义务。虽然他自己在科学上卓有成就，并有许多挚友和亲密的家庭关系及学生们对他的热忱，但他总是感到不满足，他的悲剧正是由于他近乎病态的缺乏自信，这给他的生活蒙上了一层阴影。他时常感受到他的聪颖不如里兹，运气不如玻尔，成就不如德拜，智慧不如爱因斯坦；他这种毫无来由的不完美感，无休止地、经常地使他丧失进行研究所必需的平和心境。卢瑟福曾对处于困境中的埃伦费斯特提供了真诚的帮助，在他得知埃伦费斯特身处逆境后，就以他特有的方式写了一封长长的、充满热情的信给他，鼓励他重新站起来。他写道：

> 在世界物理学事业中，你的贡献多么杰出，同行们是多么需要您的聪明才智啊！

这些鼓励的话语对埃伦费斯特是一种莫大的安慰。埃伦费斯特经常被邀请参加许多科学大会，他总是能将清晰与精确注入到任何讨论中，他激烈地反对模棱两可与拖沓迂回，必要时他会进行尖刻的讽刺甚至明显地表现出失礼之举，但却反而更加得到同行的尊敬。他是当时国际物理学界领袖人物们的畏友：“他在批评方面的天赋超出了他的建设能力，正是这种批评精神剥夺了他对自己思想成果的热爱。”

随着理论物理学的发展，埃伦费斯特和其他物理学家一样已无法接受最新的思想，何况对于一个具有近乎狂热的诚实并对任何事情都要求明确的人。虽然他的学生们都认为他是一位难得的学识渊博且循循善诱的老师，但他却从未摆脱对自己要求过于严格所导致的这种自卑心理。在希特勒攫取德国政权之后犹太人备受迫害的恶劣政治气候中，他“试图驾驭迅猛、复杂的物理学的进展，妥善处理他自己生活中的问题和对付严峻的世界形势时，达到并超越了他的智谋的限度，最终成为良心冲突的牺牲品”。1933 年，埃伦费斯特在阿姆斯特丹结束了自己的生命。如爱因斯坦所说，“未能摆脱每一个有良知的年满 50 岁的教授一定会遇到的危机”。

（作者：杨庆余）

詹姆斯·弗兰克

具有理论头脑的实验家

詹姆斯·弗兰克

（James Franck，1882—1964）

在 20 世纪微观物理学的早期发展中，德国物理学家詹姆斯·弗兰克的实验研究起了举足轻重的作用。但弗兰克并不仅仅是实验物理学家，而是一个具有相当理论头脑的实验家，这在一流科学家当中也是十分难得的禀赋。他的科学工作延续了六十多年。他和 G. 赫兹合作的关于“电离势”的实验，载在后来的几乎一切有关普通物理学和原子物理学的书中——尽管多数书上的叙述都有悖于历史实情。他性情和善，志趣高洁，温文尔雅，无疾言厉色，但在大是大非的问题上却决不含糊，能为他人之所不敢为，从而他的人格和言行也颇有可供后人学习之处。

一、少年“梦想者”

詹姆斯·弗兰克于 1882 年 8 月 26 日生于德国汉堡的一个犹太家庭中。他们的家族至少从 18 世纪时起就在汉堡一带生息繁衍。他的祖父在汉堡创办了“弗兰克银行”，他的父亲继承家业，也成了银行家，晚年家道殷实。

詹姆斯比爱因斯坦小 3 岁，比玻恩大几个月，比尼耳斯·玻尔大 3 岁。他自称，他对物理学感兴趣肯定比听到“物理学”这一名词要早。因为，他自幼就对自己周围的许多现象感到惊异和好奇，常常思索其中的道理，学习时显得心不在焉，以致在学校中得到

“梦想者”的称号，被看成一个不会有多大出息的学生。

他喜欢自己动手做些小物件，例如做木工之类。他家楼梯扶手上装饰着一些木质圆球，他常常琢摸那是怎么做成的，甚至设想了用来旋制那些圆球的车床。他家后院里有一个水壶。有一天他注意到壶中的水结了冰，而院子里的温度计所记录的最低温度却在 0℃。他一直觉得这一情况不可理解。

当时他上的学校还特别重视古典语文（希腊文等），而他则特别讨厌这种课程。有一天，他在上希腊文课时注意到练习本上有一个油点（那是他在吃午饭时弄上的一滴奶油），透过这个油点，可以看到背面一页上的字迹，于是他考虑起此事的原因来。他想到，同样是水，当结成冰时就是透明的，而当凝成雪花时却是不透明的，看来物体的透明度和它内部结构的均匀性有关。他后来回忆说，那时他当然还不知道什么是“光的散射”，但他事实上是想到了散射问题。这本来很好，但是当老师问他刚刚讲过的希腊文法时他却傻了眼。

13 岁时，他摔断了手臂。那时伦琴刚刚发现了 X 射线。他从报上读到，利用 X 射线可以看到人体内的骨骼。他对此事大感兴趣，并因此开始了解什么是物理学。从那时起，他就立志做一个物理学家。

当时的社会风气还不重视自然科学而是更重视人文科学和技术。另外，由于 19 世纪经典物理学的巨大成就，人们普遍认为整个物理学已经“完成”，以后不会再有多大发展前途了。尤其是，当时在德国，学物理的只能在大学里教教书，而德国教育部门则很不愿意任命一个“非基督徒的”犹太人当大学教授。因此，对弗兰克来说，学习物理学确实是显得前途渺茫。他后来回忆说，在一次考试中，主考老师对他说：假如你要学一门“正经的”专业，我就会给你不及格；现在你既然要学物理，我让你通过算了！这充分表现了当时人们对物理学的蔑视态度。

1901 年，弗兰克勉强在中学毕了业，进了海德堡大学。起初他父亲希望他将来当律师，让他学法律。但是他对那种课程毫无兴趣，一下课就和学习自然科学的同学们混在一起。过了不久，他决心改学科学。他对父亲说：如果不让我学物理，我从今天起就不快乐；如果让我学物理，我将来可能不快乐，但现在却可以过几年舒心的日子。由于他的坚持，也由于他的朋友们向他父亲讲了情，他父亲终于同意了他的要求。

当时海德堡大学的物理教学还很落后。人们还保持着根深蒂固的机械论的观点；尽管已经有了麦克斯韦的电磁理论，人们却还认为光的弹性波理论是绝对不容怀疑的；如此等等。另外，弗兰克在上中学期间已经自学了一些化学知识，因此他在海德堡大学主要是学习一些化学课程和地质学课程，而在物理学方面则收获很小。后来他回忆说，要研究原子、分子的问题，适当的化学基础是十分必要的。

在海德堡大学期间，弗兰克认识了玻恩，从此二人建立了终生不渝的亲密友谊，并且在学术上进行了很有成果的合作。后来他们都认为这种友谊的建立是他们在海德堡大学的最大收获，也是他们一生中的最大幸事。

二、在柏林

弗兰克在海德堡大学只待了一年。1902 年，为了成为一个真正的物理学家，他转入了柏林大学，在瓦尔堡的实验室中工作和学习。

当时的柏林是德国最重要的物理学中心。那里不但有柏林大学和柏林工业学院，而且还有专门的研究机构帝国物理技术研究院。那里集中了一些大名鼎鼎的物理学家，例如普朗克和瓦尔堡，稍为后来的还有爱因斯坦和德鲁德等。那里也集中了许多很有才华的青年人，他们中的不少人后来也成了著名的物理学家，例如哈恩和迈特纳等。按照弗兰克的说法，当时那些青年人也知道学物理没有什么出路，但是他们热爱物理学，愿意全力以赴地对待自己的学习和工作。有时教授早上走进实验室，本来以为那里空无一人，但却发现青年人全在那里，原来他们在那里干了个通宵。

弗兰克后来回忆说，柏林的定期物理学讨论会给他留下了终生难忘的深刻印象。每次开会大约有 40 人参加，其中包括成名的教授和即将开始写博士论文的研究生，如物理化学家能斯特。大家在会上畅所欲言，特别是那种追求真理的诚恳态度感动了弗兰克。当时普朗克刚刚提出了他自己的量子概念，但是他却费尽心机想要把自己的伟大发现“消灭在摇篮里”，即企图回到经典的连续性概念中去，那种无私的、认真的作风给青年人做出了榜样。弗兰克回忆说，当讨论会上有人提出了什么新见解时，他们那些青年人很快就觉得自己已经明白了，但是教授们却要东问西问，非把每一个细节弄清楚不可。因此青年人觉得教授们有点头脑迟钝，但是他们也知道，教授们很慎重，有很可靠的判断力。因此青年人议论说，当你去找导师谈一个问题时，起初你可能要费很多时间去说服他，但是他一旦点了头，你就可以很有信心地去开展自己的工作了。

当时物理学中的一个热门课题是低压气体的放电现象。人们企图通过这种现象的研究来探明原子、分子内部的结构和运动。因此，刚开始时，瓦尔堡指定给弗兰克的课题也是这方面的研究。但是弗兰克很快就发现，气体放电的过程太复杂，不容易分析出真正基本的规律来。他认为应该在尽可能单纯的条件下来探索粒子的运动。于是他改换了课题，开始研究起电子的迁移率来。他采用了卢瑟福的办法，即适当调节交变电压的强度和频率以观察电子恰恰能够到达放电管正极时的情况。他用这种办法得到了一些新的规律，发现电子和一些惰性气体原子之间只有很小的作用力。1905 年，瓦尔堡离开柏林大学，改任帝国物理技术研究院的院长；一年以后，他在柏林大学的实验物理学教授一职由德鲁德接任。就在那一年（1906），弗兰克以他关于电子迁移率的论文获得了哲学博士学位。随后他到法兰克福大学当了助教，但不久就又回到了柏林大学。其时德鲁德已经自杀（原因不详），他的职位由鲁本斯接任，而弗兰克就当了鲁本斯的助教。

1911 年，弗兰克获得了大学授课资格，后于 1916 年被任命为柏林大学讲师，于 1918 年提升为副教授。

从 1911 年开始，弗兰克和刚刚获得博士学位的 G. 赫兹进行了合作，一起研究电子和原子的弹性碰撞。据说赫兹曾经说过，弗兰克既不仅仅是一个实验物理学家，也不仅仅是一个理论物理学家，因为他主要从事实验工作，但是他有很清楚、很敏锐的理论头脑，实验中的许多新想法都是他提出来的。证以后来弗兰克和埃尔萨塞的那段交往，赫兹的这种评价应该说是很恰当的。另外，弗兰克对赫兹也评价很高，认为赫兹动手的能力比他自己要高明。

当他们刚开始进行自己的实验研究时，人们对于各种原子的电离电势还抱有很不明确的看法。许多人认为，原子的电离电势和原子的种类无关，一律是大约 10 伏特。因此，弗兰克 – 赫兹实验的原始目的，其实是要比较准确地测定这一电离电势的值，他们甚至把测得的 4.9 伏特错误地理解成了原子的电离电势。现在许多教科书上关于这种实验的解释，是经过后来的分析才确定下来的。

当弗兰克和赫兹开始自己的实验时，玻尔的原子定态概念还没有出现，因此这个实验的目的绝不可能是自觉地证实定态的存在。当时他们利用逐渐增大加速电压的办法来探索电子和氦原子或汞原子的弹性碰撞的限度，得到了一些在当时看来不无奇特的结果。在 1914 年发表的一篇论文中，他们确切而清楚地给出了下列的结果：

（1）直至电子的能量高达 4.9 电子伏时，电子和汞原子的碰撞是完全弹性的；

（2）超过了这一极限，就会有能量从电子传给原子，但这永远是以 4.9 电子伏的量子而被传递的，多出的能量仍然保持其电子动能的形态；

（3）非弹性碰撞的发生将导致汞的共振谱线 2536A 的发射，而且只导致这一谱线的发射，这时电子的能量损失（4.9 电子伏）恰好等于和该谱线相对应的量子能量 $h\nu$。

直到这时，弗兰克和赫兹还完全没有注意到玻尔的理论。当时他们对光谱的发射机制还不清楚，也由于在实验中确实观察到了一定程度的电离，因此弗兰克他们就把测得的 4.9 电子伏解释成了汞原子的电离势能。

1914 年第一次世界大战爆发，德国的许多科学工作都陷于停顿，弗兰克也和许多青年人一样参了军。尽管他完全不是一个能够适应军队生活的人，他还是上了前线，而且后来得到了“铁十字勋章”。据说当指挥一队士兵操练时，他在喊了“立正”的口令以后，又很客气地补充说：“请你们立正。”这个故事充分反映了弗兰克的和善性格。不久以后，弗兰克就在俄国战线上染患了痢疾。他病得很重，甚至不能自己活动了。多亏一位好心军医的特殊照顾，他才被准了假，送回家中养病。在养病期间，他初步接触了玻尔的理论，但是起初他还没有想通，直到 1916 年他还认为自己的实验“否定了”玻尔的理论。

事实上，早在 1915 年 8 月，玻尔就撰写了《论辐射的量子论和原子的结构》一文，文中他按照自己的理论观念正确地诠释了弗兰克－赫兹实验。玻尔指出，测得的 4.9 电子伏，不是原子的电离势能而是相邻定态之间的能量差，而在实验中观察到的电离现象也并不是电子撞击的直接后果而是一种次级效应。后来这一结论也得到了独立的实验证实。

玻尔的再诠释是十分自然的，毫无牵强附会之处。这种再诠释进一步显示了玻尔理论的力量。同时，也只有经过这样的再诠释，弗兰克－赫兹实验的真实意义才得到了充分的显示，而这种实验也立即成了光谱学以外关于定态的存在的一种唯一的、最直接的实验证明。因此，在他的诺贝尔获奖演说中，弗兰克曾经提到“我们在一个领域中经历了错误道路和曲折，而那个领域中的康庄大道是由玻尔理论所开辟的”。

弗兰克大约从 1919 年开始正式承认玻尔对他的实验结果的再诠释。从那时起，玻尔的远见卓识不止一次地震惊了他，他成了玻尔的公开崇拜者。直到晚年，他仍宣称自己对玻尔充满了“英雄崇拜”的心理。他曾经说，和玻尔那样的人物不能接触得太多，否则你将觉得自己一无是处而陷于失望之中。他的好朋友玻恩也讲过一个故事。当他们一起在格丁根当教授时，玻恩和弗兰克常常讨论各种理论概念和实验设想。有时一个问题明明讨论清楚了，玻恩认为可以立即开始实验了，但是过了一段时间却发现弗兰克还没有动手，因为弗兰克说他已写信去征求玻尔的意见，在收到玻尔的信以前他不想动手。玻恩说，这种情况常常使他有点不耐烦。

1917—1919 年，弗兰克在威廉皇帝物理化学研究所中兼职，负责了一个部门的工作。该研究所的所长由柏林大学的哈伯尔教授兼任。当时弗兰克在柏林大学所得的薪金很低，哈伯尔认为他一定会很高兴地到研究所兼职，但是当问到他时，弗兰克却说不愿意。问他为什么，弗兰克表示，哈伯尔一定有许多好主意，比他自己的主意要高明，但是他却宁愿按自己的主意办事，他担心到了研究所后一切要听命于哈伯尔。于是哈伯尔提出和弗兰克订一个协定：两个人可以讨论任何问题，但是每个人都庄严地发誓，决不干涉对方的工作。这样弗兰克才欣然接受了邀请。弗兰克说，哈伯尔是他遇到的第一个可以和下级争论问题的大人物，因而他对弗兰克的影响也是很大的。众所周知，哈伯尔因为在第一次世界大战中参与了毒气的制造，在英、法科学家中的人缘很不好，甚至连卢瑟福都曾使他难堪，不肯和他握手。因此弗兰克说，哈伯尔永远不会是一个多么单纯的人物，他和玻尔绝不相同，但是他很正派，而且从来不使人觉得他是一个“老板”。

1920 年 4 月，玻尔应普朗克的邀请访问了柏林，第一次会晤了普朗克、爱因斯坦和弗兰克等人。当时玻尔已经成了物理学界的名人，他在柏林给人们留下了十分良好的印象。在此期间，有些年轻人要求和玻尔单独座谈，不许任何“老板”参加。这就是著名的“无巨头座谈会”，或许也可以叫作“小字辈座谈会”吧？开会以前，哈伯尔探问能不能让他参加，弗兰克说不行，因为他是正教授。哈伯尔又说，那么开完了会我请你们吃饭总可以吧？弗兰克说可以，于是他们就“扰”了哈伯尔一顿饭。

参加座谈会的有十四五个人，弗兰克比玻尔年长，但他当时还不是正教授，所以他也参加了座谈会。这些人后来大多成了有名的学者，不止一个人获得了诺贝尔奖。

弗兰克继续进行了关于电子和原子或分子的碰撞的研究，以及关于激发电势和电离电势的研究。他和别人一起，提出了“亚稳能级”这个名词，并确立了亚稳态在碰撞过程中的重要性，探索了亚稳原子最后怎样损失其能量的问题。这些贡献对后来的物理学发展起了基本性的重要作用，例如在激光物理学中，亚稳态就是无比重要的。

弗兰克在柏林待了十九年（1902—1921）。这一时期不但是弗兰克在学术上取得重大成就的一个时期，而且也是他在生活上很值得纪念的一个时期。1911 年，他和一位瑞典钢琴家结了婚，他们在柏林生了两个女儿。当时他们的生活想必是丰富而幸福的。他们有一些志同道合的朋友，大家积极忘我地工作。有时有点空闲，他们也有一些交际和娱乐，可以参加普朗克家中的聚会，欣赏爱因斯坦拉小提琴，并听迈特纳演奏勃拉姆斯的乐曲。

三、在格丁根

格丁根大学有很久远的、很光荣的数学传统和物理学传统。该市的一个街角，号称全世界数学科学的“原点”（或“起源”）。第一次世界大战以后，德国的物理学中心逐渐从柏林移到了格丁根。特别是在量子力学的创立和发展方面，格丁根的人们确实立下了不可磨灭的功勋。这在很大程度上和玻恩及弗兰克来到格丁根有关。

20 世纪 20 年代初，格丁根大学有几个教授职位出缺，需要找人接替。首先请去的是弗兰克在柏林大学的同学泡尔。他被请到那里当实验物理学教授。按照当时德国的惯例，物理学研究所的所长教授必须负责讲授“物理学大课”，这相当于我国的普通物理学课程，听课的有各个自然科学专业的学生。因为教学任务很重，教授的待遇也相应地很高。泡尔的大课安排得空前地精彩，讲课深入浅出，并辅以精心设计的演示实验。

除此以外，格丁根大学还有一个第二物理学研究所，也需要一位教授。当时人们特别属意的就是玻恩。但是玻恩对管理实验室没有信心和兴趣，他在教育部的公文中找到了一个“空子”（行文中的不够明确），提出格丁根还应该有一位教授，他要求聘请弗兰克和他一起去。人们对他的“狡辩”哈哈大笑，但是后来还是同意了他的要求。

当时弗兰克也很乐于去格丁根。他不愿意讲大课而更喜欢在实验室里和人们讨论。这一点不成问题，因为大课已有泡尔负责。他希望两个女儿能在小城市而不是在柏林那样的大都市中长大，这一点格丁根也正合适。当然，最重要的是能和玻恩在一起，那正是他梦寐以求的事。

1921 年，弗兰克接受了格丁根的邀请。在去格丁根以前，他应玻尔之邀短期访问了哥本哈根，向玻尔的青年合作者们传授了原子碰撞的实验技术。

在格丁根，逐渐聚集了许多很有天赋的青年人。他们分别从师于三位教授，成为所谓“泡尔的人”“玻恩的人”和“弗兰克的人”。其中“玻恩的人”当然是一些学理论的学生，他们耽于思索，举动不俗，形成所谓“玻恩幼儿园”。相传有位老教授看到一个“玻恩幼儿园”的“孩子”躺在地上，以为他摔伤了，就走上去帮助他，那人却说：“别打扰我，我正在考虑问题。”

当时的研究生，在申请博士学位以前不必通过任何考试，学生的选取全由教授决定。想成为“弗兰克的人”并不容易，要经过很激烈的竞争。特别说来，弗兰克要求自己的学生具备较好的化学基础，实验技能自不待言。但是，一旦被接受，那个人就和弗兰克成了一家人。当时一般的德国教授都很有架子，对待青年人的态度往往很拘泥、生硬。弗兰克则不然，他和学生们相处得很亲密，不但关心学生们的学业，而且关心他们的生活。

诺贝尔物理学奖获得者梅耶夫人上过“玻恩幼儿园”。她回忆过的一个情况很能说明弗兰克的和善性格。有一天她走进一个房间，发现三位教授都在：泡尔教授只对她点了点头，玻恩教授说了声“你好”，而弗兰克教授则和她握了手。

按照当时的编制，弗兰克和玻恩同属第二物理学研究所，而且他们又是老朋友，因而他们相处得十分亲密。他们不但共同管理、领导了研究所，而且共同主持了“物理学讨论班”。在讨论班上，大学高年级的学生和已经开始做论文的研究生们将讨论各种物理学问题，特别是微观物理学方面的问题。

当年有幸参加过格丁根集体的人们，全都记得弗兰克和玻恩之间的密切合作、亲密友谊和无拘无束的意见交流。据玻恩自己说，在格丁根的十几年间，他和弗兰克的每一篇著作都经过两个人的详细讨论，尽管他们联名发表的论文只有两篇。

玻恩的特点是精通数学，擅长把一种物理理论表述成一套完整的数学形式。甚至有人认为他太偏重数学表述，以致影响了物理思想的灵活发展。例如泡利就曾认为，太多的数学会把物理学害死。海森伯也说过，当他那些“格丁根的博学的同行”大谈其厄密矩阵、算符、本征值方法等问题时，他还连什么是矩阵都不知道。梅耶夫人也谈到玻恩注重数学表述，而埃伦费斯特和玻尔则主要强调物理思想。在这方面，弗兰克对理论物理学家们起了很好的刺激作用，他常常提出一些关键性的问题，迫使理论家们弄明白数学形式后面的物理实质。他一直对玻尔佩服得五体投地。他不止一次地提到，玻尔总说自己是一个“业余的理论物理学家”，自称当人们摆出太多的、太深奥的数学表述时他的思想就跟不上了。弗兰克说，在这种意义上爱因斯坦也是一个“业余的理论物理学家”，因为他所特别重视的也同样是物理思想而不是数学形式。我们知道，在当时的量子力学发展阶段中，数学形式往往领先于物理诠释。在那种情况下，弗兰克的参与肯定使玻恩等人获益匪浅。事实上玻恩就曾承认，他提出波函数的统计诠释，在很大程度上是受了弗兰克的启示，因为，弗兰克在碰撞研究中的显著成就，使玻恩意识到“粒子”的概念是不能完全被排除的。

玻恩提出他的统计诠释是在 1926 年。在同一年，人们因弗兰克和赫兹“发现了支配着电子和原子的碰撞的规律”而向他们补发了 1925 年度的诺贝尔物理学奖。格丁根的人们因此而大为兴奋。为了向弗兰克表示祝贺，学生们举行了火炬游行。

在格丁根的十二年中，弗兰克完成了大量的工作。他除发表了许多论文外，还在他的学生们的博士论文中凝聚了自己的许多心血和创见。他不是那种思想狭窄的单纯实验家，而是在和同行们讨论问题时常常提出一些触及物理本质的看法。他和埃尔萨塞的来往就是一个脍炙人口的例子。有一天埃尔萨塞去见弗兰克，表示想做一些实验研究，因为他读了一篇文章，涉及物质的波动性，因此他认为如果能够做些实验来验证电子的波动性，那将是很有兴趣的。但是弗兰克却说，那大概不必要了，因为美国人戴维森和康思曼已经做了这种实验，只不过他们自己还没有意识到实验结果的真实意义而已。这就十分突出地显示了弗兰克在见解上远远超过戴维森。弗兰克也向埃尔萨塞建议了一个实验，但是埃尔萨塞搞了一阵却没有得出结果。这就更使弗兰克相信埃尔萨塞是没有实验才能的了。在他的建议下，埃尔萨塞写了一篇分析戴维森－康思曼实验的短文，投给了德国期刊《自然科学》。这是对戴维森结果的一种很早的分析，后来戴维森在另外的论文中提到了埃尔萨塞的先见之明。因此，冯·劳厄曾经评论说，假如一个实验室什么成绩都没做出，只要有埃尔萨塞这样的一篇短文也就可以自豪了。

当然，弗兰克的实验室绝不是没有成绩，相反地是成果累累的。弗兰克在晚年曾经总结说，他一生最关心的，是微观碰撞过程中的能量转化规律。这话说得确实很有见地。事实上，早在柏林时期，他主要研究的就是电子和原子的碰撞。那时，他的某些工作就已经涉及了所谓“第二类碰撞”。这种首先由克莱因和罗西兰想到的碰撞过程，就是指低速电子和受激原子的一种碰撞，原子在碰撞之后回到基态，它所放出的能量则转化成电子的动能（而不是辐射出去）。

“第二类碰撞”的直接实验观察是有困难的。弗兰克和他的合作者们观察了在加入外来气体时的荧光猝灭，从而观察了受激态原子在和其他原子（或分子）相碰撞时的“退激”现象。他还和卡里奥一起发现了在和受激汞原子相碰时的氢分子的分解。这种现象成了“活化光化学反应”的一种有名的例证。他们也发现了激发能量从一个原子到另一个原子的传递，这就是所谓“活化荧光现象”。

弗兰克也指出了另一种型式的“第二类碰撞”的可能性，那就是一个正离子和两个慢电子相碰而生成一个中性原子和一个快电子的可能性。

弗兰克和他的学生们也研究了荧光的偏振问题。他的学生汉雷发现了外磁场对荧光的去偏作用。这种“汉雷效应”被证实为具有很大的重要性。多年以后，人们才利用这一效应来测定受激态的寿命。

很可能，电子撞击所造成的分子激发，引导弗兰克想到了电子能量和分子振动能量之间的关系。在这方面，他和玻恩进行了卓有成效的合作。他们联名发表了两篇论文，提出和阐述了许多重要的基本观念和理论，例如三体碰撞所引起的分子形成、关于分子光谱的弗兰克－康登原理、连续分子光谱的理论、吸收催化现象，等等。他们在文中使用了现在已经为人熟知的“势能曲线”，并讨论了转动对该曲线的影响。他们在论文中第一次定义并引用了“准分子”的概念，例如他们在第二篇论文中写道：“因此我们发现，在光的发射和吸收方面，一对原子在碰撞过程中将表现得恰恰就像有着非量子化的振动和转动的一个真正的分子那样。”

在一篇题为《光化学反应的基元过程》的论文中，弗兰克第一次阐述了通过振动能级的外推来推导离解能量的方法，叙述了支配着电子光谱中各振动跃迁的强度分布的原理。这一原理经过康登的推广，就成了有名的弗兰克－康登原理。

在后来的年月中，弗兰克的外推方法在他自己和别人的工作中得到了广泛的应用。人们用这种方法来确定或估计离解能量。弗兰克和他的合作者们对带光谱进行了许多研究，主要是关于吸收光谱和荧光光谱的研究。他们解释了所观察到的各种现象，把各振动态追踪到收敛极限的可能性，引导弗兰克进行了定义双原子分子中的离子键和同极键的尝试。他曾设想，核间距离的缓慢增大将按照唯一的方式或是导致离子态或是导致原子态，但是分子态理论的后来发展却证明这并不是普遍成立的。

他也研究了分子性蒸汽中的连续键。这种研究把他引导到了液体中的吸收键这一在化学上更加复杂的现象，甚至也把他引导到了生物学中的光合作用的研究。

总而言之，弗兰克在格丁根不仅继续研究了电子和原子的碰撞，而且一步步地扩大了他的研究领域，把他的工作扩大到了原子和原子的碰撞、分子的形成和离解、荧光现象以及化学过程等问题。

可以相信，假若这样的工作能够顺利地继续下去，那对微观物理学以及其他科学分支的发展必将是很有好处的。然而，不幸得很，人类历史上有时会出现极大的悲剧。1933 年初，希特勒攫取了德国政权，很快地建立了他们那一套反动残暴的独裁统治。德国的犹太人面临着种族绝灭的严重威胁，正直的知识分子受到了粗暴的干涉和迫害，德国的文化、艺术和科学的优良传统受到了毁灭性的破坏和摧残。当时的反动政权对德国各大学进行了丧心病狂的“清洗”，大批的犹太学者受到了解聘、驱逐和逮捕。按照当时的“法令”，弗兰克在第一次世界大战中上过前线，暂时还不在清除之列，而且不是“犹太人”的海森伯也曾劝他和玻恩不必离开（宣称希特勒不会把他们怎么样）。但是弗兰克认为局势不可容忍。他先是通过自己的国际声望替他的青年合作者们在国外找到了工作，然后就不顾许多好心朋友的劝阻，公开发表了辞职和抗议的严正声明。这种做法在当时是极其危险的。幸亏那时纳粹刚刚上台，他们的反动疯狂性还没有发挥到极度，弗兰克幸免于更大的迫害，于1933年的下半年携全家离开了德国。那年5月，玻恩和他的家人也已经离开了德国。于是，在不到一年的短短时间之内，格丁根繁茂昌盛的学术花园很快地变成了一片荒芜的沙漠。

四、在国外

离开德国以后，弗兰克到美国进行了短期访问，然后就作为访问教授在玻尔的研究所中工作了一年多。他和玻尔是很好的朋友，但是他没有在哥本哈根长住下来。当时人们刚刚发现了中子，玻尔他们正在下功夫研究原子核。弗兰克曾经打算参加这种研究，但是后来他发现别人已经走了很远，而他自己的年岁较大了，不适宜从头开始这种新的工作了。这或许就是他决定离开哥本哈根的原因之一。

1935年，弗兰克携家去了美国，在约翰斯·霍普金斯大学当了教授。在此期间，他先后和拉宾诺维奇及列维联名发表了研究溶液中的光化学效应的论文。他也和伍德一起做了实验，和赫茨菲尔德一起进行了理论探讨。这些工作标志着他正式进入了光合作用这一研究领域。

1938年，弗兰克到芝加哥大学当了物理化学教授。那里有一个专门研究光合作用的实验室，弗兰克当了那个实验室的主任。在他1949年退休以后，实验室主任由他的同事和朋友迦夫朗继任，但是弗兰克仍然积极参加了实验室的工作。

在芝加哥，除了主要从事光合作用的研究，弗兰克还做了另外一些工作，包括理论性的工作。例如，他和特勒联名发表的论文，倡始了“激子理论”对晶体中的光化学变化的应用，推进了人们对摄影感光过程的理解。这篇论文被认为是有基本重要性的。弗兰克曾经很风趣地说，这篇论文的署名应该写成“特勒、特勒、特勒和弗兰克”，因为文章主要是特勒写的，但是他也承认自己提供了基本想法。

作为一位正直的犹太科学家，弗兰克对法西斯势力的反动性是有深切体会的。因此，在第二次世界大战开始以后，为了挫败法西斯党徒统治全世界的妄想，性情和平的弗兰克也不惜中止了自己的学术研究而参加了研制原子弹的计划。他在芝加哥的冶金实验室中领导了化学部的工作。在德国投降以后，他也像许多别的科学家一样密切关注了原子弹的使用所将引起的可能后果。当时冶金实验室的主任组织了一个委员会来考虑原子弹的“社会的和政治的后果”，成员包括三个物理学家、三个化学家和一个生物学家，由弗兰克任主席。1945年6月11日，在新墨西哥原子弹试验的六天前，他们把一份报告提交给了陆军部长，这就是所谓的《弗兰克报告》。他们在报告中指出，美国政府如果轻率地使用原子弹，就将失去全世界人民的同情，因而应该把原子弹的使用看成重大的政治决策而不应只把它看成军事决策。他们指出了核军备竞赛的危险可能，并反对把这种空前可怕的毁灭性武器直接应用于人类，而是建议首先在一个无人居住的地区显示力量，以威慑敌方。不论人们是否同意这些观点，这一活动本身总是体现了科学家的社会责任感，而《弗兰克报告》也成了世界和平运动的重要文献之一。大战以后，弗兰克没有担任什么政府顾问之类的职务，但是科学家们还是经常和他联系并征求他关于科学家的社会责任的意见。

1942 年，弗兰克夫人在久病之后逝世，这使弗兰克在个人生活方面经受了一次打击。幸亏他的两个女儿当时也已在美国定居；女儿们和她们的孩子们都对弗兰克非常依恋，给了他一定的安慰。1946 年，他和物理学家荷尔塔・斯朋诺结婚。荷尔塔曾在格丁根当过弗兰克的学生，当时也在美国当教授。

大战以后，弗兰克又回到了他的光合作用的研究。事实上，这一课题吸引了他一生最后几十年中最主要的兴趣。在逝世前的几个星期，他还向《理论生物学期刊》寄出了一篇文章，综述了他的关于光合机制的一些想法。

在 1933 年以前，弗兰克已经探明了决定着简单分子和光量子之间的相互作用的许多基本关系。从 1933 年开始，他对光合作用（即复杂分子和光量子的一种特定相互作用）产生了兴趣。他本来希望，在前人和他自己积累下来的关于光合现象的定量资料的基础上，很快就能探明光合作用中把若干个光量子的大部分能量转化成化学能量的那种机制，但是后来却发现问题绝不像起初所设想的那样简单。在几十年的钻研中，弗兰克提出的许多想法受到了某些学者的反对，主要是受到了生物化学家 O. H. 瓦尔堡（弗兰克的博士论文导师 E. 瓦尔堡的儿子）的反对。

争议的双方都是获得过诺贝尔奖的科学家，从而他们二人的分歧绝不是庸俗的意气之争。主要的分歧表现在两个方面上。第一，弗兰克坚决认为应该严格按照物理学的基本规律来理解光合作用，而瓦尔堡则认为光谱学的结论、反应动力学和除第一定律以外的热力学对活的细胞不一定适用。第二，关于光合作用中的能量转化效率问题，按照弗兰克等人的测量结果，每转变一个 CO_2 分子需 6—8 个光量子，而按照瓦尔堡的测量结果则只需 2.7 个光量子（这对应于 100% 的能量转化效率）。测量结果为什么会如此不同，并没有最后弄清楚。双方的争议，也没有分出最后的胜负。但是许多人还是逐渐同意了弗兰克的观点。1955 年，为了表彰他在光合作用方面的努力，美国艺术和科学研究院向弗兰克颁发了伦福德奖章。

弗兰克一生诚朴坦直，以平等态度待人，从来不摆架子，也不矫揉造作，从而深受同辈和晚辈的尊重和爱戴，人们不仅乐于向他请教学术问题，而且在生活和工作上遇到困难时也经常去寻求他的帮助。他离开德国十几年，经历了很不平凡的变乱。因此，他在战后第一次返回德国时心理上是很有负担的。他不知道德国人会怎样看待他。结果却是，不但他的老朋友们对他很亲热，而且更多的人们也热烈欢迎了他。从那以后，他又不止一次地访问了德国。

大战以后，弗兰克的身体日见衰弱，但他的思想仍然清楚而敏锐，科学工作也没有停止。1964 年，他又一次访问德国，会晤了当年的老朋友们。5 月 21 日，他在格丁根安详地逝世。

弗兰克一生获得了许多荣誉。除了前已提到的诺贝尔物理学奖和美国的伦福德奖章，他还于 1951 年获得了德国物理学会的普朗克奖章，于 1953 年和玻恩等人一起成为格丁根的荣誉公民。海德堡大学和德国一些别的大学都授予了他荣誉博士学位。他是世界上许多著名学术团体的成员，并于 1964 年 4 月成为英国皇家学会的外籍会员。

（作者：戈　革）

弗里茨·伦敦

低温领域中的理论家

弗里茨·沃尔夫冈·伦敦

（Fritz Wolfgang London，1900—1954）

伦敦，这个名字初看上去，很容易与英国的首都的名字相混。其实，这正是本文主人公的姓氏，他的全名为弗里茨·沃尔夫冈·伦敦。通常人们习惯称他为弗里茨·伦敦，或者，更简单一点，称他为 F. 伦敦。如果不是对低温物理学，特别是对超导物理学和超流动性物理学的早期发展比较熟悉，即使科学界的许多人，也会对 F. 伦敦这个名字感到非常陌生。但如果经提醒，提到基于量子化学的海特勒 – 伦敦键，人们也许会依稀地想起，噢，原来就是那个伦敦。其实，F. 伦敦的工作绝不只限于化学，他在低温物理学中的贡献更为著名，如今，低温物理学领域中最重要的奖励——弗里茨·伦敦奖，就是以他的名字命名的。1995 年，一部由希腊科学史家伽夫罗格鲁所写的 F. 伦敦的传记由剑桥大学出版社出版，成为国际上第一部低温物理学家的长篇科学传记，披露了许多难得的史料。主要基于这本传记，再加上笔者以前对超导物理学史的研究积累，以及前期对 F. 伦敦的某些初步研究，才使得本篇关于这个并非广为人知，但却又为人极有个性、经历极有特色、思想非常独特，也对某些学科分支做出了基础性贡献的科学家的评传的写作成为可能。

一、早年，从哲学出发

也许，从一开始，F. 伦敦就没有打算成为一位如何了不起的、让人们世代传颂的科学家，所以，与许多重要的科学家不同，有关他早期经历的资料保存下来的非常之少，虽然后来一些档案馆也保存了与他有关的通信等材料，但那基本上都是在他成名之后。而有关他早期的身世和经历，即使经他的传记作者的努力发掘，人们现在对他的了解也只能是非常粗线条和非常有限的。

20 世纪的第一年，对于物理学的发展是重要的和有象征意味的一年。那一年，量子的概念诞生，成为物理学发展的一个新纪元的标志。也许是一种巧合，也许是一种缘分，F. 伦敦与他后来一直在研究中打交道的量子概念同年诞生。1900 年 3 月 7 日，F. 伦敦出生在布雷斯劳（此地现属波兰，今名弗罗茨瓦夫）的一个典型的犹太家庭。他母亲是当地一位棉纺厂厂主的女儿，他的父亲弗朗茨·伦敦则是一位数学博士，从 1889 年起，在布雷斯劳大学任教，研究领域为构造几何学，直到他于 1917 年去世时，他仍是波恩大学的数学教授。

第一次世界大战接近结束时，F. 伦敦在波恩的高中学习也结束了。在中学期间，F. 伦敦所写的一些文章在他的一个笔记本中存留了下来。其中基本上是典型中学生式的习作，但有三四篇文章值得注意，包括几篇关于哲学方面的文章，讨论了知识的绝对性问题，以及对认识方法的批评。此外，他以诗化的语言写成的《作为科学家的歌德》一文，则早在 1917 年就与众不同地提出，歌德应被看作一个发展了关于颜色之和谐的美学理论的人，认为歌德可能是根据直觉而把握了各种实体之间的依赖关系，并表达了他对歌德不可抑制的钦佩。F. 伦敦在中学期间还写了几篇哲学论文，如《相对 / 绝对 / 活力》《对我们的知识之绝对性的思考》，以及《对认知方法的批判》等，他当时对哲学问题的独立思考，表现出他后来作为一位理论物理学家的某些特征，而且，在中学的后几年中，他就已经以一种反还原论的方式来进行其哲学思考了。

后来，虽然 F. 伦敦曾几次提到他早年从事哲学论文的写作只是某种巧合的结果，但与几乎所有物理学家明显不同的是，他从大学中获得的学位，也是因其哲学研究。其实，F. 伦敦虽然对哲学很有兴趣，但却并未想当一名哲学家，中学毕业后，他打算到慕尼黑随索末菲去学习物理学。当时，正值新现象学运动的兴起，慕尼黑现象学小组的哲学家亚历山大·普凡德尔是新现象学运动的重要知名成员，他也是一位实在论者，并强调现象学首要地是一种方法。有一天，F. 伦敦与普凡德尔一起进行了长时间的关于哲学问题的讨论，并把他以前所写的一些东西交给普凡德尔看。显然，F. 伦敦的观点给普凡德尔留下了深刻的印象，他向 F. 伦敦许诺说，如果 F. 伦敦能把这些内容写成一篇学术性的文章，他愿意作为其导师而接受它为博士论文，尽管 F. 伦敦几乎没有听过普凡德尔的课。最后的结果是，F. 伦敦完成了一篇讨论演绎系统的哲学论文，在法兰克福大学和格丁根大学做了短暂的逗留之后，1921 年 11 月，用他的哲学论文以最优异的学业成绩从慕尼黑大学获得了他的博士学位。这篇论文于 1923 年发表在《哲学与现象学研究年鉴》上，而他的导师普凡德尔正是年鉴的编者之一，年鉴的主编就是现象学的奠基者埃德蒙德·胡塞尔。

F. 伦敦的哲学论文是属于那种比较晦涩难懂的类型，他为自己确定的论文目标，是要“开始考虑一种逆向的步骤，通过这种步骤，理论知识的根本特征得以显露出来并被揭示，当然，不是被证明”。F. 伦敦“是为洞察力而不是为了证明而努力，认为任何其他种类的推理都是非本质的，都是不可能的”。他的论文里的讨论并不涉及诸如在数学中的各种推论，而是涉及原则。他所要问的是：“如果可能获得理论知识的话，这种知识是如何获得的？”

F. 伦敦的哲学论文令人瞩目的特色在于，它将自身置于现象学运动之中，努力要在 20 世纪前二十五年凌乱的哲学场景中，描绘一个侧面，并给自己找到一个合适的位置。虽然从哲学史的角度来说，如果不是对于 F. 伦敦本人有特殊兴趣的话，人们一般不会再提到他的那篇哲学论文，但对于 F. 伦敦本人来说，它不仅使他得到了博士学位，也成为对自己的思考的一种清理，成为一种与众（物理学家之众）不同的训练经历。

二、走入物理学

正如 F. 伦敦后来与一位哲学家朋友的交谈中所讲的，从一开始，他就从未动摇过要成为一个物理学家的决心。几乎在完成了他的哲学博士论文之后，F. 伦敦就已经开始了他的转向，尽管这种转向也仍有一个过程。首先，仍是在相当的程度上与哲学相关，或者说是带有相当浓厚的哲学色彩的研究，但却开始涉及物理学的问题。在完成哲学论文的第二年，也即 1922 年，他发表了一篇题为《确定在物理复合体中之测量的可能性的条件以及相似原理》的论文。这篇论文主要是对 1914 年理查德·托尔曼表述的一些想法的反应。托尔曼认为，相似原理提供了一种简单的方法，可以用来发现与物理量相关的函数关系的形式，并利用相似性原理以及物理规律是在一个宇宙中被给定的这一假设，来推导物理规律的有效性。F. 伦敦的论文，则是对托尔曼的预设的某种澄清，即以一种在数学上更好的方式来重新表述托尔曼的许多断言。他之所以对此有兴趣，是因为这种方法提供了以演绎的方式找到物理规律的可能性。出于对认识论的关心，F. 伦敦这篇文章其实主要是写给科学家的，但科学界的反应却令 F. 伦敦大失所望。他这种哲学式地介入物理学的尝试只是遇到了冷落，甚至连他的导师普凡德尔也对之未置可否。在这一次尝试之后，F. 伦敦决定还是到主流的物理学中进行研究。

取得博士学位之后，为得到高中教师资格，1922 年 5 月，F. 伦敦在波恩参加了文职人员的考试，并以非常突出的成绩通过了考试。他做了一年教授科学的助理教师，不过要成为全职教师，还需要再次考试，就在这时，他改变了想法。1923 年秋天，他决定前往格丁根，希望能与马克斯·玻恩一起继续他有关相似原理及量纲分析的研究。但玻恩却对此不感兴趣，反而试图说服 F. 伦敦去做一些直接的物理学研究。一年以后，F. 伦敦先是前去奥斯纳布吕克，在那里他再次开始准备考试，以便注册为高中教师，同时在那里开始系统地学习数学和物理学。在这个平静的中世纪风格的小城中，经过几个月的反省思考，他最后决定去慕尼黑大学随索末菲学习。从 1925 年的 4 月到 10 月，他在索末菲的研究所里工作了六个月，与亨耳合作，对一个与带状光谱线的强度相关的问题进行了计算，完成了他在物理学中第一篇真正的研究论文。在当时量子力学发展的早期阶段，对光谱线的研究是索末菲本人和他的研究所的主要方向，但却不是那么合 F. 伦敦的口味。六个月的学习结束后，索末菲认为，如果 F. 伦敦能与实验研究接触，将对他的思想发展有利。于是通过索末菲的介入，F. 伦敦从 1925 年 10 月起，在斯图加特工业学院作为那里的理论物理研究所所长厄瓦耳的助手开始了他的第一个学术性任职。正是在那里，F. 伦敦开始了他以后再也摆脱不开的量子力学研究。

此时，正是量子力学发展的黄金时代，它已经初步成形，虽然是以矩阵力学和波动力学两种形式存在。F. 伦敦最先进行的研究是关于量子力学的变换理论。在这方面的第一篇论文中，他从雅科比周期系统经典变换理论出发，并把它用于矩阵力学，以能量守恒独立于原子理论的结合原理为条件，表明了从他对矩阵的导数更为普遍的定义的提议中，可以得出在玻恩 - 海森伯 - 约尔丹的著名“三人论文”里的两个矩阵导数定义，并且证明了这一点。他解决了量子力学形式表述中的一个具体的困难。而在写作这篇论文时，他似乎并不知道薛定谔对波动力学与矩阵力学两种形式之等价性的证明。随后，他在另外两篇论文中，得出了著名的量子力学的变换理论，而且表现出对波动力学的偏爱，努力要发现在波动力学的语境中变换理论的意义。其实，与 F. 伦敦相独立，狄拉克和约尔丹也在研究变换理论，而且更为详尽，并最终于 1926—1927 年完成。当 F. 伦敦在阅读约尔丹或狄拉克发表的结果时，他发现其实自己已经非常接近于推导出他们的结果了。

在 F. 伦敦关于变换理论的研究暂告一段落之后，他开始思考另外一些更为本质性的物理问题，这就是统一理论。然而，在当时人们只知道两种基本的作用力，即引力和电磁力。F. 伦敦的计划也带有他的哲学背景，他想要在刚刚问世不久的量子力学的框架中来处理统一理论。1927 年，他撰写了题为《对统一了引力和电磁力的理论的量子力学解释》的论文，目标是要对波函数提供一种几何学的解释，使量子力学的结构类似于广义相对论的结构。实际上，他是在外尔的将引力与电磁力统一起来的方案的基础上进行这一工作的，但在其对外尔理论的量子力学解释中，强调了引力和电磁力之间的差别。当然，F. 伦敦的这一尝试性的方案最终没能成功。但对于这篇论文来说，人们还可以注意到 F. 伦敦后来的工作的一个伏笔，因为他发现，在以几何光学的旧量子论极限为基础的半经典极限中建立位相相干性时，某些量子将具有一个和整数乘以普朗克常数相等的值。这不禁让人想起后来他对超导环中磁通量量子化的预言，尽管，要在这两项工作间找出必然的联系也不是那么容易的事。但 1958 年物理学家泡利在其为新版的《相对论》一书添加的注释中就曾评论说，差不多就在波动力学发现之后，F. 伦敦和外尔就认识到了位相因子的重要性。

在此之后，F. 伦敦就完全离开了这一领域，而且再也没有回到规范不变性的问题上来。1926 年 12 月初，F. 伦敦从国际教育委员会得到了一笔奖学金，他想用这笔钱去苏黎世和薛定谔一起工作，并为此写信给薛定谔，告诉他有关奖学金的事。在这封信中，F. 伦敦说他已经停止了对外尔理论的研究，并显然有点不知天高地厚地谈到他认为薛定谔在其 1922 年论文中就已经预示了德布罗意的波粒二象性的观点，而且他还看出了与此问题相关而薛定谔本人却未意识到的“最重要的事情”。但薛定谔的回信却远不那么热情，他表明并不想卷入对波粒二象性提出的优先权的竞争，也没有答应与F. 伦敦的合作。于是，F. 伦敦只好在苏黎世独立地进行他的研究工作。

三、量子化学的开创者

F. 伦敦于1927年4月抵达苏黎世，在苏黎世短暂的逗留期间，他虽然并没有能够按其原来的愿望同薛定谔合作搞研究，但却与同在苏黎世的化学家海特勒合作，成功地利用薛定谔的波动力学方法解决了化学中氢分子的共价键问题，从而成为量子化学的奠基者。

其实，氢分子的构成机制问题一直吸引着化学家们的注意，并有众多的研究。但直到1916年以后，才由刘易斯以一种半经验性的理论在旧量子理论框架内给出了一套简单的规则来处理这样一种令人费解的化学键。实际上，刘易斯已经提出了共价键的理论，但他的理论在本质上还是一种静态的理论，并没有说明化学键的本质，虽然他将电子论引入了化学，但却没有做到从电子的运动出发来阐明问题，不能说明为什么两个原子能通过“共享”一对电子而牢牢地结合在一起。在量子力学出现之前，人们也曾提出过许多基于旧量子论的共价键动态模型，但它们也都不能解释像氢分子等最简单分子的光谱。现在回过头来看，问题是很显然的：只能根据新的量子力学，才能够揭示化学键的本质。不过，即使在量子力学成形后，虽然在原则上已经具备了用它来解决和计算化学问题的可能性，但一般说来，要让大多数化学家马上就接受这种来自物理学的最新工具，暂时还很有些困难。

由于 F. 伦敦未能与薛定谔合作，他离开了基础量子理论的研究工作，转而开始研究量子力学的应用问题。最先，就是化学，当然，后来还有低温物理学。而当时在苏黎世工作的化学家海特勒，正好既熟悉量子力学，又有很强的数学背景，并希望能从事理论物理学的研究。二人会面后，便决定合作分析和计算两个氢原子间的范德瓦尔斯力，尽管最初他们认为这个题目只不过是一个顺带做做的“小问题”。一开始，海特勒和 F. 伦敦是要对两个原子的电荷间的相互作用进行计算，但由于库仑积分产生的引力太小，无法解释氢原子之间的共价键。在这种困境下，海特勒回忆说：

> 当时，是苏黎世天气阴晦的一天；[刮着] 热风。热辣辣的南风，让人们呈现出各种情态。有的人变得非常暴躁……有的只是昏昏欲睡……直到早晨很晚的时候我才睡了一觉，发现自己完全无法工作……下午又去睡了。当我五点钟醒来的时候，在我面前浮现出——我仍然记得就像那是昨天发生的一样——两个氢分子的两个波函数的画面，它们以一正一负连在一起，其中有交换。我非常兴奋，于是赶紧起来仔细思考这个画面。当明白了确实是交换在起作用，我就给伦敦打了电话；而他尽快赶了过来。与此同时，我已经开始构思一种微扰理论。那天夜里，我们一起工作到很晚，到那时，论文中的绝大多数问题已经很清楚

了……嗯，我还不能完全确定，那个晚上我们是否知道我们已经理解了这个问题，不过至少在第二天之前，我们肯定知道了，我们已经掌握了氢分子的构成。而且我们还知道氢原子之间还存在着另外一种作用方式，即两个氢分子的相互排斥作用——这对当时的化学家来说，还是一件新鲜事。好了，剩下的工作就进行得相当快而且容易得多了，当然，我们还要为对泡利原理的恰当表述而奋斗，这在那时还无法做到，还要为与自旋的联系而奋斗……关于泡利原理以及该如何对它做出解释，我们进行了许多讨论。

突破一旦出现，后面的事情就容易多了。他们两人分工写作了那篇开辟了化学研究新纪元、标志着化学的一个分支学科——量子化学的形成的经典论文。其中，F. 伦敦负责的是导言部分、对研究结果的讨论以及结论部分，而海特勒做了计算，并写了对泡利不相容原理和分子力的讨论部分。正是这篇于 1927 年 6 月 30 日提交发表的论文，带来了在分子中的原子间如今我们称之为海特勒－伦敦键的概念。在历史上，他们首次使用量子力学证明了两个中性的氢原子能够相互吸引，形成一个稳定的分子体系。他们提出，共价键纯粹是一种量子效应，无法找到经典中的类比。

在 1928 年以后，F. 伦敦继续将注意力集中在分子理论方面，包括对分子力的研究，而且，他还对将群论应用于化学做出了贡献。

20 世纪 30 年代后，化学界中对共价键的处理形成了不同的流派。其中，重要的价键理论的出发点就是海特勒与 F. 伦敦的经典工作。但是，对于多电子分子来说，海特勒、F. 伦敦解决共价键的方法既不是唯一的，也不是最实用的。他们所建议的群论从数学运算来看非常混乱，所以不利于得到一个定量结果。因此，在价键理论之外，美国化学家鲍林和马利肯利用半经验的方法分别提出了共振理论和分子轨道理论，形成了与价键理论相竞争的局面。因为实用性和更具有化学理论的特征，这后两种理论一度在化学界颇占上风。对此，F. 伦敦也曾为捍卫他们的理论而与海特勒反复商议应对的策略。不过，他们把量子力学成功地应用于化学并开创了量子化学这一化学新学科的重大贡献，显然是无可置疑的。

F. 伦敦在苏黎世做了不到一年的助教。1928 年 5 月 7 日，他正式取得了柏林大学哲学系的无公薪讲师资格。在这里，他曾教授多门物理课程。1929 年春季学期，F. 伦敦教授的课程是量子力学与化学；1929 年秋季学期，教量子力学原理；1930 年春季学期，教原子物理与化学键；1930 年秋季学期，教普通力学；1931 年秋季学期，教的是广义相对论。他的课一直教到 1933 年。所有的课程都包括一个历史性导言，遵循了一个相当标准的模式。除此之外，他还参与理论物理学的讨论。在柏林大学的物理圈中，有爱因斯坦、能斯特、冯·劳厄、迈特纳、帕邢等著名人士，当然还有普朗克和薛定谔，也有像 F. 伦敦这样的年轻的成员，如威格纳和西拉德等。这个群体的成员在他们每周三下午的讨论会上，会提交有关当前进展的论文并进行研讨。这样的环境，当然使 F. 伦敦获益良多。

在此期间，关于 F. 伦敦，还有两件事值得一提。其一，1928 年 2 月，F. 伦敦同犹太姑娘伊蒂丝在一次舞会相识，两人马上就陷入情网。结果，他们于 1929 年 12 月 3 日举行了婚礼。其二,一位《自然科学》杂志很有影响力的编辑向斯普林格出版社建议，说他们应该委托 F. 伦敦写一部关于“量子力学对化学的意义”的书。斯普林格出版社同意了这一建议，但此书后来的命运却令人惋惜。从一开始，F. 伦敦就在某些问题上与斯普林格出版社有分歧。最后协议于 1929 年 12 月签订，F. 伦敦有一年的时间来准备这本书。但几乎与此同时，剑桥大学出版社也想请 F. 伦敦写一本类似的书，F. 伦敦原想将他计划给斯普林格出版社写的书稿英译本交给剑桥大学出版社出版，但因协议等方面的问题，此事终未能谈妥。在与斯普林格签约大约一年之后，F. 伦敦发现在约定的时间内不可能完成《量子力学与化学》一书。因为其他研究者的工作新成果总是不断产生，他想充分了解一下这些新进展，于是他写信给斯普林格出版社要求推迟交稿期限。但直到 1933 年 3 月，他还是未能写完，结果斯普林格出版社再次写信给 F. 伦敦，要取消合同。经过一番努力，斯普林格出版社同意合同继续有效，但接下来，F. 伦敦就因纳粹党颁布法令而被迫辞职前往英国牛津了。虽然到牛津后克拉伦登出版社又要求出版此书的英译本，但直到 1935 年，F. 伦敦终于下决心放弃了努力。最后，这本书完整的手稿保存在美国杜克大学的弗里茨·伦敦档案馆里。

四、超导理论

1933 年，随着纳粹政府的成立，以及这个政府在其掌权后很快就颁布的《职业文职人员修正法》等一系列法律法令，德国大学中的犹太教职员马上面临着失去职位的困境。对此，F. 伦敦在一开始并没有明确的意识，1933 年初，他甚至还在为下学期要在柏林大学讲授的一门名为“光的粒子理论”的课程做准备。转眼间，一切都变了。在冯·劳厄的建议下，5 月 5 日，F. 伦敦给教务长发了一封信，要求获准休假一个学期，但仅仅在第二天，另一部要在大学中清除犹太人的法令就颁布了。在此情形下，F. 伦敦只好自己提出辞职。为此，他曾在一封很可能是写给普朗克，并同时也是写给冯·劳厄的信中明确地表达了自己的心情和想法：

> ……到目前为止，我还没有明确地被禁止作为无公薪讲师进行教学，但这件事只是一个巧合，我不想错过这个机会。只要主流的态度是认为犹太人在传播一种必须与之战斗而且对德国精神有害的精神，我们的自尊心就要求我们应该以一种在公众舆论面前有尊严的方式撤离出来，我们不应为我们仍然拥有的权利而战斗。正如你所知道的那样，对许多人来说，已经不可能继续他们的职责了。

在此大约一个月后，F. 伦敦得知，英国的牛津大学正式为他提供了一个职位。在此之前，爱因斯坦曾访问牛津大学，他说服了在牛津大学的林德曼，让林德曼相信，接收几个寻求避难的德国物理学家，让他们到牛津大学工作两到三年，这将是有用处的。在最初设想的可能人士中，就包括有 F. 伦敦。而索末菲为牛津大学的位置推荐了 F. 伦敦。结果，在帝国化学工业有限公司（简称“帝国化工”）一项研究基金的资助下，1933 年 9 月，F. 伦敦和他的夫人从德国来到英国牛津，并终于可以继续其在德国被打断的研究工作了。

按照 F. 伦敦的传记作者、希腊学者伽夫罗格鲁的说法，F. 伦敦在牛津期间，有三个人对他的研究工作具有特殊的重要性。其中，第一个人，就是牛津大学的实验哲学教授林德曼，他将 F. 伦敦从德国请来。第二个人，是林德曼从德国请来的低温物理学家西蒙，他想要在牛津大学建立一个最好的低温物理学研究中心，也正是他在低温物理学中的实验工作，对 F. 伦敦转向超导研究起了决定性的作用。第三个人，就是 F. 伦敦的弟弟海因茨·伦敦（H. 伦敦）。

H. 伦敦出生于 1907 年，比他的哥哥 F. 伦敦小七岁。F. 伦敦因为是家中的长子，所以他觉得自己应该负责引导海因茨，而且他的一生都在这样做。这两位兄弟之间一直保持着紧密的联系。从 1926 年起，当 H. 伦敦开始受高等教育时，他进入了波恩大学、柏林工业大学以及慕尼黑大学。在哥哥的坚持下，他额外多学了一年的化学。1931 年，他开始了研究生的学习。当西蒙 1933 年 8 月到达英国时，除了安排带去必要的氦液化器装置，为了能够创立低温物理学研究小组，他要求应该为他的两名助手提供工作位置，他要求的助手其中一名就是 H. 伦敦。1933 年底，H. 伦敦成为在德国大学中最后一批获得博士学位的犹太人，随后就加盟到西蒙的研究小组中来。而 F. 伦敦则是这个研究小组的理论顾问。

H. 伦敦在从事有关检测超导体电阻对频率的依赖性的实验的过程中，逐渐地形成了一些有关超导体的热力学的理论想法。其一，是电子的惯性推动超导电流在一个很小而且有限的“穿透深度”里流动。其二，就是在超导体中存在正常电子。这第二种想法，实际上就是对超导体的二流体模型的最初而且最原始的表达。关于超导体穿透深度概念和二流体模型，曾有不同的人分别提出，但在正式的出版物中，却都不是与 H. 伦敦的名字相关联。用来解释超导体的电子的加速方程和相应地得出的穿透深度概念，最初是由贝克尔、黑勒、索特于 1933 年以经典麦克斯韦方程为基础提出的。早在 1925 年，洛伦兹的女儿德哈斯女士也曾提出过一个类似的建议。关于超导体的二流体模型，是 1934 年由戈特和卡西米尔最先在其超导热力学理论中提出并发表的。因为 H. 伦敦从不急于发表任何他没有透彻考察的东西，直到 1934 年，他才在论文中系统地表述了这些想法。

在牛津大学的最初几个月里，F. 伦敦没有研究任何具体的东西。不过，在某种程度上，他已经完成了他原订的在原子 - 分子作用力方面的研究计划。西蒙的出现则搭起了新的舞台，他的弟弟 H. 伦敦关于超导电性的上述想法，也是一个重要的刺激因素。再加上 F. 伦敦个人对其研究计划的思考，他终于从此转向了低温物理学的研究。这是以他在超导体电动力学理论上与 H. 伦敦的合作而开始的。

在牛津时，伦敦兄弟住在一起，经常每天一起工作几个小时，对于他们的理论合作研究结果的得出，F. 伦敦的夫人伊蒂丝曾有一段生动的回忆：

> 我们家是一座两层的楼房。我正在厨房做饭，突然间，楼上的房门被弗里茨打开。“伊蒂丝，伊蒂丝，来呀，我得到它了，快上来，我得到它了。”也许是风把门给吹得关上了。我不知道楼上发生了什么事。我放下手边的一切，跑上楼，这时，房门在我面前打开，我前额被碰得肿了一个星期。弗里茨说：“方程建立了。我们有了解。我们能解释它了。”

在伦敦兄弟的理论中，他们把抗磁性当作是一个理想超导体的固有属性，而不仅仅是理想导体的一个推论，认为超导电性的理论要求一种全新的关系，其中，电流不仅仅是与电场相联系，而且也与磁场相联系。实际上，H. 伦敦在他的博士论文中提出的加速方程就包含有电流和磁场对时间的导数，当他们意识到这个原始的加速方程可以在不必添加一个积分常数的情况下积分时，突破就出现了。这样一个假定将带来超导体的电动力学，它与零电阻和迈斯纳效应都相一致。到 1934 年 9 月底，伦敦兄弟已经基本上完成了他们的超导体电动力学的唯象理论。他们的论文在 10 月 22 日由林德曼寄往皇家学会，审查者用了不到一个月的时间，就在没有重大改动的情况下接受了它，并于 1935 年以《超导体的电磁方程》为标题发表在皇家学会的会议录上。在尚没有成功的超导体的微观理论出现的情况下，伦敦兄弟的超导体电动力学理论是第一个可以用来比较完整地描述包括迈斯纳效应在内的超导体行为的理论。即使后来有了相对成功的超导微观理论（BCS 理论），伦敦兄弟的超导唯象理论也仍然有其自身的价值。

在其论文中，伦敦兄弟假定电子因某种形式的吸引而被耦合，认为这样电子的最低能态就可以被一有限的距离同激发态分开了，这可以说是关于能隙的最早的建议。

1935 年 5 月 10 日，F. 伦敦被邀请参加在皇家学会举行的关于“超导电性和其他低温现象”的讨论。在这里的发言者，包括麦克伦南、玻尔、德·克罗尼希、布里渊、迈斯纳、凯索姆、德哈斯和门德尔松等著名的人物。F. 伦敦在会议上的发言，除了介绍他们的理论，还进一步提出可以把整个超导体看作一个单个的大抗磁性原子的想法。这样，通过一些计算，F. 伦敦提出，在加上外场时，由于长程有序，它使动量的局域平均值在空间中一个很大的距离上保持为常数，在超导体中的平均动量并不改变。甚至在有磁场存在时，这种有序也将保持。有序的基态被看作是延伸贯穿于整个金属的单个的量子态。正是这些考虑，使伦敦首次提出关于超导电性是一种宏观量子现象的观点。

虽然 F. 伦敦在超导理论的研究上有了重要的进展，但在其他方面却又遇到了新的问题。他被告知，资助他在牛津工作的帝国化工研究基金将于 1936 年 8 月 1 日到期。他又在工作职位的问题上面临着新的困境。他曾尝试写信询问在美国的大学里就职的可能性，但却没有得到理想的答复。而且，祸不单行，1935 年秋天，伊蒂丝又生下了一个死胎，这也让他从德国赶来的母亲受到打击。1936 年春天，他还因从火车车厢中掉下来而折断了肋骨。在寻找新职位的周折中，他甚至动了念头要去申请英国霍尔大学学院的一个初级的工作位置，后来听了他人的劝说才放弃了这种想法。北京的一所国立大学曾想为他提供一个职位，他又相当不愿意接受，因为他希望能被提供某种来自皇家学会或英国任何其他机构的研究职位。幸好，通过朋友们的帮助，帝国化工决定在资助他的基金正式终止之后，每月再为 F. 伦敦提供 20 英镑，为期六个月，这才算是解了燃眉之急。困难的最后解决，是法国的朗之万为 F. 伦敦提供了一个在巴黎的彭加勒研究所中的研究职位。时间是从 1936 年 10 月 1 日开始。

在完成了超导体的唯象电动力学理论之后，F. 伦敦在超导方面的另一重要贡献，是他对其超导电性作为一种宏观量子现象的观点的系统阐述。虽然这一观点的最初浮现是在他 1935 年在皇家学会的讨论中，但到了法国后，他在为获得博士学位而向巴黎大学提交的论文中，又以分析的方式表达了这些想法。此论文于 1937 年以《超导电性的一个新概念》为题正式出版。不过在此阶段，他虽然使用了量子力学的语言，却还没有明确地把超导电性当作一种宏观量子现象来对待，主要还是沿着准经典的线索来思考，把对“宏观”的用法限定在一个描述性的框架内。

随后，F. 伦敦把自己大量的精力用于液氦的超流动性的研究，在巴黎时，甚至还研究了量子力学的测量理论，但他仍然没有放弃对于超导问题的思考。20 世纪 40 年代末，他计划写一部关于超导电性和超流动性的书。闻知此讯，好几家著名的出版社都有要出版该书的意向。在他最初的计划中，此书包括三卷:《超导电性的宏观理论》《超流动性的宏观理论》和《分子理论》。最后，实际上只有前两卷得以完成和出版。而且，这次他的写作依然进展缓慢，因为他依然不断地对手稿进行修改。第一卷最后终于在 1950 年 11 月

22 日问世，而他仅仅修订校样，就花去了两个来月的时间。在这本书中，他站在个人的立场上，更为系统地讨论了超导态可能存在的条件，为此，F. 伦敦考察了关于电子群的宏观电动力学和量子力学之间的关系，提出超导体中的电子在它们不易受到外磁场干扰的意义上，其波函数应该是刚性的。更令人惊讶的是，他在该书第 152 页的一个脚注中，居然明确地预言了大小为 hc/e 的磁通量子。这一预言直到又过了十三年后，才得到了实验的证实，其间只差一个 1/2 的系数，而这，主要是因为当时还没有对超导体中电子对概念的认识。这一预言突出地表现出了 F. 伦敦惊人的物理洞察力。

对于这部超导名著，曾成功地提出了“相干长度”概念并提出了“非局域”超导唯象理论的英国物理学家皮帕德曾评论说，“在十五年间伦敦理论的基本框架没有本质的改变，这一事实不应被视为保守性的证明，而是该理论原始形式中的逻辑优美的证据”。而 F. 伦敦的观点，也确实对后来超导微观理论的提出奠定了某种基础。后来，超导微观理论的提出者、两次诺贝尔物理学奖获得者美国物理学家巴丁曾不止一次地提到，通往理解超导现象的最重要步骤是由 F. 伦敦认识到的，即超导体是一个宏观量子系统。正是 F. 伦敦，首先跃过原子和分子的微观世界，认识到了超导电性（以及液氦的超流动性）来自量子现象在宏观物体尺度上的表现。

五、液氦研究

F. 伦敦到巴黎之后，继续其超导的研究，同时，也开始越来越多地把注意力转向了对液氦的超流动性的研究。

早在 1908 年，荷兰物理学家卡末林·昂内斯成功地液化了氦，这是地球上最后一种被液化的气体。此后，一直到 30 年代，随着对液氦研究的不断深入，科学家们发现了液氦的种种神奇的特征，如在比热上的反常，特别是其超流动性，即在其流动时摩擦力或粘滞性消失的特性。然而，像超导电性现象一样，对液氦的超流动性的解释也一直是让理论物理学家们大伤脑筋的难题。

1937 年 11 月，范德瓦尔斯百年纪念大会在阿姆斯特丹举行。F. 伦敦出席了这次大会，但却没有提交论文，因为他觉得自己一时没有做出什么新的研究成果，实际上，他此时正在仔细思考未来的工作方向。这次会议上有若干有关液氦研究的论文，特别是梅耶等人有关使用经典统计力学来尝试解释凝聚现象的工作。正是梅耶的这一工作，将 F. 伦敦的注意力引向了玻色－爱因斯坦凝聚理论，当然，这也与他受到弟弟 H. 伦敦观点的影响有关。他一回到巴黎，就开始狂热地工作，提出液氦超流动性的突然出现可以被看作是这种特殊的凝聚的开始，因为氦是一种服从玻色－爱因斯坦统计的气体。而且，他最初的计算给出的结果与实验的测量值惊人地接近。他简直是高兴极了，因为这不仅可能解释超流动性现象，而且这一方案也是与他提出的宏观量子现象观点相关的另一个事例。

F. 伦敦就有关的想法写成的论文于 1938 年 4 月发表在《自然》杂志上，在此前不久，F. 伦敦也把这一想法告诉了匈牙利物理学家蒂萨。F. 伦敦在《自然》杂志上的短文讨论了液氦的 λ 点转变问题，他在论文中表示，希望这种机制能在未来为人们在氦 Ⅱ 中观察到的输运现象提供某种解释。这一年年底，他在《物理评论》上发表的论文中，又进一步尝试对液氦的性质提供了解释。

就在 F. 伦敦告诉了蒂萨他对玻色－爱因斯坦凝聚的想法之后，不到一天的时间，蒂萨就粗略地得出了他关于液氦的二流体模型理论的初步想法。1938 年 5 月，在 F. 伦敦的原始短文发表仅仅一个月之后，蒂萨的文章也发表在《自然》杂志上。在这种模型中，液氦在 λ 点由正常流体和超流体两部分构成，随着温度的继续下降，超流体的成分不断增加，到绝对零度时，液氦就全部由超流体构成了。实际上，蒂萨的二流体模型是第一个说明了超流氦的许多性质的唯象理论。

然而，F. 伦敦对蒂萨的二流体模型却并不赞同，相对来说，他还有些保守，他所集中关注的，是要理解 λ 点转变而不是说明超流氦的性质。因而，他觉得蒂萨有些过于急躁了，或者，用蒂萨自己的话来说，就是在发令枪鸣响之前便“抢跑”了。但抢跑有时也是一种策略，毕竟二流体模型一提出，便受到了人们的关注。至于 F. 伦敦本人，直到 1946 年的剑桥低温会议时，他才接受了蒂萨的二流体模型，放弃了自己要构造一个分子理论并且通过与超导性的类比来解释超流动性的尝试。

在对液氦的理论研究方面，另一位重要的人物是苏联物理学家朗道。不过，F. 伦敦与朗道之间的关系，以及彼此对对方理论的态度却是相当耐人寻味的。其实，早在朗道 1929 年访问欧洲的时候，他们二人就曾在 F. 伦敦的家中会过面并长谈。不过，F. 伦敦显然不喜欢朗道，认为他虽然是一个出色的物理学家，但却过于傲慢。此后，他们可能就再也没有见过面。后来，当朗道开始研究超导问题时，他也从未承认 F. 伦敦所做的贡献的重要性，至于在液氦的理论研究方面，这二人同样彼此针锋相对。正如 F. 伦敦的传记作者所总结的那样，如果说 F. 伦敦和朗道有什么共同之处的话，那就是他们彼此都极不喜欢对方。

在朗道的诸多工作中，液氦研究占有重要的地位。他甚至曾说，全部理论物理学可以分成两个同等的部分：理论物理学自身和关于氦Ⅱ的粘滞性的理论。在 20 世纪 40 年代，朗道尝试通过对流体力学变量的直接量子化来构造一个关于液体的量子理论，在此理论中，无需直接提及原子间的作用力。他考虑的是液体的整体而不是单个原子的量子化态，并从考虑绝对零度的流体状态（这是它的基态）开始。因此，在朗道的理论里，氦作为激发移动的背景液体，其中只存在一种流体——液氦。在某种意义上，基态和激发分别扮演了超流体和正常态的角色。这一理论的一个重要推论，是对于“第二声”这种与温度相关的波动的预言。对于“第二声”的实验验证，曾经历了曲折的过程。最后，在 50 年代初终于有了与朗道的预言相一致的对第二声声速的实验测量后，F. 伦敦仍然不同意朗道的理论。在他看来，朗道的成就是基于一种完全不可接受的循环：看似来自他的理论的超流动性机制，只不过是一个原本从纯粹直觉基础上推演出来的数学表述。而且，他认为朗道在其理论中引入实体，却没有恰当地说明它们的本体论状态，在建立理论的时候，实验结果被隐含地认为是已知的，当实验结果与预言不符时，就对激发的能谱进行随意的调整。反过来，朗道则用“病态”一词来形容 F. 伦敦在超流动性方面的工作，在这种用法中，“病态”一词是指没有基于正确的物理学原理，因而是患病的工作。

F. 伦敦认为需要用统计理论来解释超流动性的观点，以及他对朗道理论的怀疑态度，直到他生命的尽头都几乎没有改变。在这个过程中，他继续从事有关液氦研究的第二卷的写作。在此书中，他仍旧对二流体模型十分热衷。此书的写作和出版准备工作也持续了相当长的时间，直到 1953 年 5 月，手稿的最后草稿才被送到出版商那里。后来，他又几次要求调整其内容。最后，直到他去世之后，该书才于 1954 年 11 月 4 日正式出版。

在巴黎工作了一段时间之后，面对未来工作的几个有限的机会，F. 伦敦最后接受了美国杜克大学提供的职位。1939 年夏天，去美国的船票非常紧张，为了得到船票，F. 伦敦不得不向代理商行贿。他们一家人原来打算乘“雅典人号”，但在最后的时刻，由于他们持有德国护照，没有被“雅典人号”接纳。1939 年 9 月 1 日，他们改乘“法兰西岛号”离开南安普敦前往美国。也就在这一天，德国入侵了波兰。对于 F. 伦敦来说，塞翁失马真正成为幸事：9 月 3 日，“雅典人号”被德国潜水艇的鱼雷击沉。

六、终曲

当 F. 伦敦于 1939 年秋到达杜克大学时，他已是相当地身心疲惫了。在经历了连续不断的搬迁和有时甚至以尊严为代价的寻找工作位置的折磨后，他十分渴望平静，而美国北卡罗来纳州达勒姆的杜克大学，可以说正是这样的一个地方。不过，在另外一些方面，情况也并非十分理想。F. 伦敦是一个非常认同欧洲文化的人，在美国，他还很不适应，与外界的交往并不多，几乎为美国的南方所遗忘。在这个新世界中，他近乎是一个失落的人。

在杜克大学，他讲授“化学物理”和“统计物理”课程。他的讲课经常因其历史的内容而打动听课的学生。在刚到美国三年多的时间里，他甚至没有发表任何文章。不过，他还继续保持着对科学研究前沿，特别是有关超导和液氦的超流动性的研究的关注。后来，他也陆续发表了一些论文，并参加了一些在欧洲和美国国内举行的物理学会议，但却再也没有做出以往那样重要的工作，只有对二卷本《超流体》的写作是一个例外。

除了教学工作，偶尔地，在 20 世纪 50 年代，他也曾有机会为政府做些工作。例如，1950 年，美国海军武器实验室曾为 F. 伦敦提供一份在它的理论物理学组中的兼职工作。要他每年用两到三个月的时间在那里，并给他与大学所得同样的薪水，工作的内容是要求他研究那些与该实验室研究方向的量子力学解释有关的、涉及固态物理学的问题。但 F. 伦敦拒绝了这一邀请。后来，洛斯阿拉莫斯国家实验室的低温小组也为伦敦提供了一个顾问职位，工作包括对处于进展中的研究和已计划的进行研究讨论，并组织关于液氦的研讨班。这一次，他没有拒绝，并在 1953 年 4 月通过了原子能委员会的安全审查。

1953 年 3 月初，F. 伦敦收到来自荷兰皇家科学院的通知，说他已被授予了洛伦兹奖章。他获得该奖是因为他对共价键的研究、在量子力学的基础上对范德瓦尔斯力的解释、超导唯象理论的建立，以及他对低于 λ 点的氦的性质的解释。在 F. 伦敦之前，只有普朗克、德拜、索末菲和克拉默斯曾获得过该奖章。F. 伦敦是第五位获奖者，也是第一位获此奖章的美国公民。在获奖演说中，他以一种生动的比喻谦虚地形容了自己的工作和贡献：

> 科学就像一场橄榄球比赛：某人把球投出去，另外某个人接住它并带到远一些的地方，然后球又被再次从手中抛出。单个个体的价值是难以评估的，尤其是如果这场比赛仍然在进行之中。我很幸运间或能拿一会儿球并把它带远一点。

从 1948 年夏天开始，F. 伦敦的健康状况开始变坏，在最后几年里，他也变得越来越孤僻。因为健康问题，他无法跟上战后美国科学生活的快节奏。与此同时，他也感到无需如此，因为他相信超导问题即将解决，关于超流体也有了新的建议，这些建议将尝试对他和朗道的观点进行综合。总而言之，他关心的有关宏观量子现象研究的纲领只留下为数不多的几个目标有待完成。

早在 1946 年，一位纽约的心脏病专家就告诉 F. 伦敦，说他的心脏病非常严重，恐怕难以正常地活过八年。但他还是活了下来。八年后，1954 年 3 月 29 日，他还与家人和朋友们一道在一家咖啡馆中度过了一个美好的夜晚。就在第二天上午，F. 伦敦永远地离开了这个世界。

（作者：刘　兵）

恩里科·费米

“19 世纪式”的现代科学家

恩里科·费米

（Enrico Fermi，1901—1954）

费米的整个生命是属于20世纪的：不仅他的科学工作，甚至他的主要活动，都与现代物理学紧紧连在一起。与众不同的是，在物理学发展如此迅速、分支领域复杂繁多的20世纪，他能够同时在理论和实验两个方面都取得卓越的成就。这种才华横溢、在不同领域都能高耸于群的科学家，在19世纪以前还能普遍可见，而在20世纪却极其罕见。因此，人们赞叹他为“19世纪式”的现代科学家。这是罕见的，但又是可以理解的，可以在他所处环境中找到历史的缘由。

今天，人们从费米留下的足迹中想必还能得到一个启示：在一个已经衰落的国土上，如果崇尚科学精神，珍爱科学人才，也可能重新开放灿烂的科学之花……

一、出类拔萃

1901年9月29日，恩里科·费米出生于意大利罗马铁路部门的一个职员家里。他是这个家庭三个孩子中最小的一个，但并不因而受到溺爱。他开始懂事、接受知识的年代，正是物理学从“经典”进入“现代”的那些一日千里的岁月。

费米出生的前一年，普朗克提出了量子论，从此，物理学进入了全新的世纪。1905年，爱因斯坦发表了狭义相对论；1911年，卢瑟福发现原子结构；1912 年，冯·劳厄实现 X 射线在晶体上的散射；1913 年，玻尔提出量子轨道和对氢原子光谱的解释……这是现代物理学的青春时期。人们谈论着物理学，简直拿它作为唯一的科学。物理学的“冲击波”冲击着知识领域的各个角落，即使小费米也时常听到一些他并不理解的“物理新闻”。小费米精力过剩，在大量的课余时间里，他找书看、想问题，试图自我解答疑难。有一次，他从书上看到 $x^2+y^2=r^2$，据说这个方程表示一个圆。为了弄清它，小费米独自经历了一场艰苦的“思维战斗”，终于取得胜利。那时，他才 10 岁左右。

书，成了小费米最重要的生活伴侣。可是，家里并非书香门第，没有什么藏书，也没有可能进行指导。好在他那聪颖过人的哥哥多少能够帮助他，而在哥哥意外去世之后他又遇上一个同名的同学——恩里科·帕西科。两个恩里科很快就发现：他们之间的共同点远远不只是名字而已。他们俩一起上学、游戏，更是一起看书；他俩对自然知识的兴趣几乎完全一样。每逢星期三放学之后，他们就到露天市场的旧书摊上看书，或者买了、借了回来轮流阅读。

孩子们最喜欢在一起玩陀螺。但是，很少有谁像这两个恩里科那样注意到陀螺的奇怪运动：一个正在急速旋转的陀螺，它的轴为什么总是保持竖直向上？如果起先不那么竖直，后来也一定会竖直起来。尤其令人迷惑的是，当陀螺的运动逐渐慢下来时，这个轴便开始倾斜到与地面形成一个夹角，这时陀螺的顶部也就画出了一个圆……为了探究这些奥秘，他们翻遍了所能得到的书，结果完全失望。于是，问题就在费米的脑海里翻滚，直到他从各种不可思议的几何特性中想象到了一种解释以后，才觉得心满意足。

往往是这样：谁越是对科学感兴趣，科学向他提出的难题也就越多。1914 年秋天，费米的心绪又为一种奇怪的几何学所萦绕。一天，他放学之后照例经过父亲工作的办公大楼，陪着父亲散步回家。同路的还有一位他父亲的同事 I. A. 阿米迪，他同小费米聊了起来。费米问："真的有一种几何学，它的主要几何性质用不着测量概念吗？"阿米迪说："对，它就叫作射影几何。"费米又问："但是，这种性质又如何用于实际，比如说，为测量员或工程师所应用？"阿米迪尽力做了解释，第二天还带来一本关于射影几何的名著给了小费米，因为其中的一篇序言谈了这个问题。几天之后，费米告诉阿米迪，除了序言，他还读了头三章，但还想看完全书。大约过了两个月，他把书还给阿米迪说，他已经证明了书里的全部定理，并且解答了书末所附的 200 多道习题。

想到这些习题有不少是不易解答的真正难题时，阿米迪十分惊奇。对于这个小家伙儿，最初阿米迪也许漫不经心，但从这时起，他就刮目相看了。一个 13 岁，另一个 37 岁，两个人便这样交上朋友，经常讨论数学和物理问题。后来的四年时间中，在阿米迪的帮助下，费米顺利学完了一系列科学著作，包括解析几何、微积分和理论力学。费米自己还轻松地学完了向量分析，读过至少一本工程师手册。此外，他还和帕西科一起，运用他们所掌握的物理知识，以自己制作的简陋仪器进行了一些精确的测量，例如罗马地区重力加速度的值、罗马自来水的密度以及地球的磁场等。

1918 年夏天，费米跳读了第三学年而得到了中学毕业文凭。一个问题出现了：他是否该在罗马大学注册入学？费米同阿米迪商量好之后，决定投考比萨大学的高等师范学院物理系。

这是一所培养高级研究人才的学府。学费可以免缴，但必须通过竞争性的严格考试。为此，费米按照指定题目写了一篇应试论文《声音的特性》。这篇论文一开头便应用了微分方程，这使得主考人G. 毕塔雷里教授惊讶万分，以致特地约费米见了面。当完全证实了费米的真才实学时，他感慨地说，他在这么长的教学经历中还从未见过像费米这样出类拔萃的人才。1918 年 11 月 14 日完成的这篇相当于研究生水平的应试论文，标志着费米科学生涯中的新起点。

据说，意大利人的鼻子颇有特点，它能反映一个人的气质。费米的鼻子又直又尖又细，很有特征。他是个直率的、有自信心的人，但不狂妄自大，他勤学、求知欲强，但不矫揉造作；他很有独立见解，但不主观偏激。在比萨大学的几年中，他正是那样。那时，他轻易地通过了课堂上讲授的经典物理，而把主要时间用于扩展现代物理和纯粹数学方面的知识。不久，费米和他一位要好的同学弗朗科·拉赛蒂成了尖子学生，得到物理实验室主任 L. 普仙蒂教授的器重。这位教授博学多才，也曾做过不少物理研究，后来年纪大了，知识也落后了。他知道自己关于现代物理的知识不如这两个学生，于是虚心地向自己的学生请教。费米给老同学帕西科写信说，他在比萨大学是量子理论的权威，甚至教授们也由他去教现代物理学。

这不是狂妄，而是自信；爱惜人才的长者都懂得，它是一种可贵的科学素质。自信与狂妄毕竟是两回事，狂妄伴随无知、阻滞上进，而自信却使人勇于进取、富有创造。1922 年夏天，费米以这样的进取心和创造力结束了他的大学学业。

按照惯例，博士学位论文应是关于某项实验的课题。费米选的是《伦琴射线的实验研究》。公开讲演的那一天，虽说是酷暑的七月，但讲演大厅却挤满了人。他从容不迫地宣读了自己的报告，听众们报以热烈的掌声。尽管主考先生们并不怎么理解，但仍以“magna cum laude”——“成绩优异”授予费米这一应得的学位。三天之后，费米又以一篇关于概率论的论文获得了比萨大学的毕业证书，并再次得到最高评语：magna cum laude。

二、意大利物理学的希望

在 20 世纪头两个十年的欧洲，人们在谈论物理学时几乎不会想到意大利。那些令人眼花缭乱的物理学最新发现，竟没有一项与意大利沾边。物理学史上的“比萨时代”早已过去了。但是，这意味着落后的意大利就没有希望吗？当然不是。在罗马科学界，至少有几个人正在思考着“意大利物理学的复兴”，他们中的一个 O. M. 考宾诺——罗马大学物理实验室主任，是一个颇有民族抱负的物理学前辈。

这时，费米正要告别比萨，回到罗马。比萨是近代物理学的诞生地。在这里，伟大的伽利略生活和工作过相当一段时间。费米在将近四年的日子里，几乎天天都和他的同学从那座著名的斜塔附近走过。伽利略的科学思想和杰出才能曾经带来了意大利物理学的光荣，熏陶了几代欧洲人。现在，伽利略的伟大名字激起了费米内心的一种精神力量。

回到罗马使费米有机会接触到罗马科学界的现实。可是，生活远非那么安定，一个正式职务并不容易得到。1925 年春天，在经过了一段出国进修和回国代课的生活之后，费米离开罗马来到佛罗伦萨大学当了“自由教师”。

佛罗伦萨大学物理实验室坐落在一个小山上，它旁边正是伽利略凄惨的晚年生活的地方。可是，这个僻静的环境倒也提供了思考问题的场所。在这里，费米继续进行了一项项的理论研究。令他感到愉快的是，老同学拉赛蒂也在这里任教。他俩合作了一项关于在交流磁场中谐振光的消偏振实验，它也是费米做过的第一个重要的实验。直到这时，费米已经发表了将近 30 篇论文，大都是在理论方面。这些成果中，最重要的是关于一种微观粒子（遵从不相容原理）的统计规律的发现。

这是一个伤人脑筋的问题。差不多从 1924 年春天起，费米就花过心血。但他在考虑一种假想的理想气体的运动时，总是觉得有点什么不完备，而一时又找不出来。1925 年，奥地利人泡利提出的不相容原理给了他很大启发。根据泡利的说法，在围绕原子核的每一轨道上，不能允许有两个或两个以上的电子同时存在，用物理学家的话说，就是在一个原子中不能有两个或更多的电子处于完全相同的状态（即它们的四个量子数完全相同）。费米由此而联想到他的问题：如果设想两个气体原子也不能具有相同的速度，或者换句话说，在理想的单原子气体分子所可能存在的任何一种量子状态中，仅仅能够有一个原子，那么，疙瘩就解开了。这一思想，很快就使费米得出了关于气体运动行为的一整套计算，即“费米统计”。1926年3月6日，他关于这一统计方法的著名论文《论理想单原子气体的量子化》发表之后，不少知名的物理学家（包括泡利和索末菲）便做了推广，使它在原子物理和核物理领域获得了普遍的意义。

当费米构想着他的统计理论时，考宾诺和他在数学界的几位朋友正在罗马提出设立理论物理讲座的建议。这个讲座在意大利历史上也是第一个。1926年春天，他们提名费米来担任这个讲座的首席主讲，当时，费米像是一颗正在科坛升起的明星，而考宾诺他们立即认准他是意大利物理学复兴的最大希望。在费米决定来罗马的同时，考宾诺还聘请了拉赛蒂，并且继续物色人才，以他们作为骨干办起了物理系和物理研究所。接着，费米、拉赛蒂亲自挑选学生，第一个被看中的是E. 塞格雷（他后来成为世界知名的物理学家，获得了1959年诺贝尔物理学奖）。他们发现人才，并不依赖“职业介绍”或“招聘广告”。他们注重的是科学的志趣和才能，是那些可能成为物理学家的科学素质。这样，一个以费米为首的志同道合的青年物理学者的集体，在短短的时间内就形成了。他们的年龄差别是微小的：费米和拉赛蒂最大——26岁，而最小的阿玛尔迪19岁。考宾诺非常信任这个集体，称他们为“我的孩子们”，认为自己作为行政领导的责任仅仅在于争取尽可能好的条件，使他们专心致志地工作。

第二年9月，国际物理学会议在科莫举行，世界上最著名的物理学家几乎都应邀赴会。年轻的费米以他闻名于世的统计理论，被推选为理论物理讨论会主席。而在他们国内集体中，费米被公认为“教皇”；拉赛蒂成了“红衣主教”；费米中学时代的好朋友帕西科稍后一些也来到这一集体，他被命名为“宣传信仰的红衣主教”；费米的第一批学生中的E. 玛佐拉那被叫作“宗教裁判所的首席法官”。他们把现代物理学奉为“教义”和“最高信仰”。

对于任何科学研究来说，没有一个热心的、懂行的领导者，没有一个有远见的、有声望的带头人，当然是不行的，但是，一个有活力的、亲密无间的集体，无疑更是高效率地取得成果的重要前提。费米这个集体的内部是和谐的，他们彼此是师生，也是挚友和同事。费米自然负有更多的教育责任，但他的教学方式却是启发讨论、争辩；他设法让人提出有意义的问题，进行严格推理，排除各种偶然的、不重要的因素，而把实质问题紧紧抓住。他教学的内容侧重于理论物理，但十分重视实验所指出的事实。费米这时的精力在于理论方面，而他的知识和兴趣却包括着几个领域的最新实验，总是同时追踪着这些领域的科学杂志。物理学领域的任何问题都吸引着他，并总能激起他的智谋和物理“直觉”。他习惯于平等地同他的研究生和合作者广泛地讨论科学问题。费米才能的多样、判断的准确、思维的敏锐，一个重要来源就是他与集体的水乳交融，就是他善于汲取任何个人的好观念。像一棵常青大树，它的根深深扎于肥沃的土壤之中。

1925—1926年量子力学刚一出现，费米便把它看作推进原子核物理的重要信号。他意识到，现在基本问题已被阐明，未来的进攻方向，或者是探究原子核，或者是经过一系列“中介”而揭开生命现象的奥秘。他决定选择前者。这一抉择是严肃的，意味着他们的工作必须从原来熟悉的光谱学转到核课题上来。经过多次讨论和争辩，他们制订了一个深思熟虑的计划。1930年冬天，费米着手于具体安排，决定由他和一个助手E. 阿玛尔迪来建造并操纵一个云雾室。不过，罗马大学物理系行政部门的无能，却大大阻碍了这一计划：仅仅一点仪器和为工作室配备几个职员的事都办不成，甚至连最简单的仪器安放问题也造成很大混乱。物理学家们很清楚，一个低效率的行政部门对于科学研究的损害，不会仅限于时间上的浪费。这种状况促使费米形成了“靠自己干”的思想，以后又发展为一种能把理论工作与实验工作很好结合起来的独特作风。费米以他的双手和几件基本工具，亲自干了起来。他为此而平生第一次光顾了五金商店，甚至把各种各样的厨房用具和煤气管件也买了回来。尽管这样苦干，困难仍然很大。1931年春天，费米被迫放弃了云雾室方案而转回理论上来。他这时所能做的只是整个计划的个别方面，包括派人出国进修，指导其他人留心研究核课题的资料。

费米在核问题的头一项工作是一篇评论文章，头一个巨大胜利是关于β射线理论；在这里，他找到了历来的放射性学说与泡利那个中微子思想的连接点。

过去就知道，放射性原子核所发射的粒子都会带走大量的能量，这些能量是由原子核的一小部分质量转换来的。但是人们发现，核衰变中发射的β粒子所带走的能量，却不能与核所损失的质量相对应。这些能量损失到哪儿去了呢？物理学家们试图解决这一难题，但都没有成功。这时泡利提出：如果我们假定β衰变时不仅放出电子，而且还放出一种与电子的自旋相同但没有质量和电荷的粒子（当它以光速飞出时具有一定的能量），问题就解决了。费米深信这个假定，并称这个假定的粒子为“中微子”。1932 年发现中子之后，费米把问题解决得更加彻底：一个中子转变为一个质子、一个电子和一个反中微子；相反，一个质子转变为一个中子、一个正电子和一个中微子。这样能量“收支”就完全平衡了。1933 年底，费米完成了关于 β 衰变的论文，他以量子力学为依据，建立了 β 衰变的相互作用理论，圆满地回答了实验中所提出的问题。在费米的论文发表之后，关于核内作用力——核力问题的研究，便从新的角度展开了。

三、从物理楼到金鱼喷水池

1934 年是核物理进入新的发展时期的头一年。这一年春天，伊雷娜·居里和她的丈夫约里奥·居里宣布了一项重大发现：稳定的原子核在 α 粒子的轰击下，变成了放射性的核。他们用高速的 α 粒子轰击金属铝，竟把它变成了硅 30，又变成了磷 30（一种自然界还没有的人造同位素）。这是近十三年来关于人工实现核反应的第一次突破。这两位法国物理学家指出：不仅是铝，而且一些轻元素，在 α 粒子的轰击下也会具有放射性，可是，对于重元素来说，α 粒子就不起作用了。

问题究竟在哪儿？几乎各国的同行们都在思考。不少人认为，如果用更强的 α 粒子流来进行轰击，也许会有成果。可是，预期的情况却没有发生。

其实，值得思考的还有这个“思考”本身。在这里，思维方法起着根本性的作用。在寻求这一问题的答案时，人们怀疑的是“炮弹”的轰击问题，而不是轰击的“炮弹”问题。费米恰恰相反，他很快就想到：中子，它肯定是更好的“炮弹”。

这是一个浅显的思想，然而是完全革新的。如果注意到两年前查德威克宣布自己的发现时所阐明的中子特性，这个思想本来就是合乎逻辑的。奇怪的是，人们即使怀疑到“炮弹”本身，想的还是镭、质子、α 粒子，完全不考虑对“炮弹”的革新。

与带正电荷的 α 粒子不同，中子不仅不带电荷，而且具有较大的速度和能量，它更有可能穿过电子层去“打破”原子核，尤其对于重元素。在重元素内，无论电子数目或者原子核的正电荷都要比轻元素大些，因而使用 α 粒子来轰击它们时就不如对付轻元素那样有效。这些，正是费米的思想。1934 年 3 月，费米与拉赛蒂讨论以后，决定立即进行一个检验性的实验。

不过，费米面对的是设备极为简陋的实验条件。没有盖革计数器，买不到也借不到。凭着他关于这种计数器的知识，费米自己动手，竟然成功了：外表虽然难看，性能却很好。中子源的问题，也是费米独立想出来的：为了观察中子诱导活度，不应该用 Po+Be 源，而应该用强大得多的 Rn+Be 源。费米设法借到了一点镭，把镭在衰变中形成的氢气用来与铍粉相混合，使氡所发射的 α 粒子轰击铍而得到中子。就这样，一项历史性的实验在物理楼里开始了。

费米是个生性严谨、按部就班的人。他不想一下子就去轰击重元素。按照元素周期表的顺序，他首先轰击了氢，接着试了含氢的水，再下去就是锂、硼……这时，他未免感到失望。但从氟以后，元素就都产生了反应。很快，他不再是一个人，而是有了个小组。不到两个月，他们得到了三十几种新的放射性同位素。不久，考宾诺为他们申请到了一笔小小的补助费（相当于当时的1000美元），加快了他们的工作的进展。

可是，当他们轰击周期表的最后一个元素铀（原子序数92）时，发现它产生的放射性元素却不止一种，而且其中至少有一种无论如何也不能看作铀的同位素。它会不会是化学家们长久以来在寻求的“第93号元素”？如果现在真的以人工制造了这样一个超铀元素的话，那是相当诱人的事。费米知道，吸收了一个中子的原子核是不会稳定的，它本身的一个中子会变成一个质子（同时放射一个电子），这时元素的原子序数便增大1，成为下一个元素。因此，使用中子来轰击第92号元素，得到的很可能就是“第93号元素”。他反复地、仔细地进行实验，小心地把脑子里的“第93号元素”称为“铀X”。1934年5月，他们发表了第一篇报告。

“铀X”（或“第93号元素”），一时成了化学界和物理学界的新话题。但是，怎样来证认它呢？当时人们错误地认为，这个“新”元素应该在铼下面，它的化学性质接近铼（实际上，“第93号元素”更接近铀而不是接近铼）。几个国家的科学家都是根据这一认识在进行实验，但没有得到预期的结果。

其实，费米他们得到的并非什么“第93号元素”，而是铀核被打破而形成的大致相等的两半。五年之后，哈恩和斯特拉斯曼做了更加严格的实验，并由迈特纳和弗里希阐明为“铀核裂变”。（遗憾的是，当时包括费米在内的国际科学界都没有想到这一点。）

暑假中，费米到南美洲讲学，他的两个助手塞格雷和阿玛尔迪也到英国剑桥访问，工作暂时中断。9 月，两个助手回到罗马，按照费米的吩咐继续观察银的人工放射现象。他们把金属银做成空圆筒，筒中放着中子源，再把整个圆筒装进一个铅匣里。塞格雷因为感冒，有几天没有参加工作。谁都没料到，一个意外的机遇恰恰出现于这时。有一天，阿玛尔迪突然发现银圆筒在铅匣里的不同位置产生不同的放射性反应。阿玛尔迪感到很奇怪，他和塞格雷请求庞太科夫帮忙，因为他和庞太科夫刚刚完成费米所指导的一篇博士论文。他们继续观察着，直到费米 10 月里回到罗马。

实验反复证实了，不同的物质会使银的反应不同：铅板使它的辐射量增加许多，而木桌使它增加得更多。10 月 22 日早晨，费米提出用石蜡试试，辐射量竟增加了一百倍！关于这个奇怪现象，费米想出了一种圆满的解释：他用台球来比喻中子。

当一个台球与另一个同样大小的台球相撞时，速度自然会减慢。同样，当中子源被封在石蜡里时，中子还没到达银核以前，便先击中石蜡里的氢核——质子（它相当于中子质量）。这样，被减慢速度的中子在到达银核时，由于速度慢，滞留在它附近的时间就长些，因而被“俘获”（吸收）的机会也就比高速中子多些，换句话说，由于波长与动量成反比，一个被减速的中子的波长就变长些，它的“轮廓”似乎也大了，这好比一个台球变成足球之后便更容易击中一根柱子那样。总之，慢中子要比一个快中子更有可能激活别的物质。如果真是这样，那么任何含有很多氢的物质应当也有石蜡的作用了。费米说：“我们试试看，相当数量的水究竟对银的反应会有什么影响。”

要找“相当数量的水”，物理楼实验室是办不到的。这个实验室面积狭小，设备很差，以致在实验某些衰变期很短的放射性元素时，费米和阿玛尔迪不得不以百米竞赛的速度，在一条长长的走廊两头的中子源与计数器之间疯狂地来回奔跑。不过，“相当数量的水”在室外却不难找，物理楼后面就有一个私人花园，那儿有个金鱼喷水池。这真是十分理想的实验场所。这个花园是学校行政当局给予系主任考宾诺的，这些青年物理学家在那儿开心地玩过，现在他们决定利用它来做这项严肃的研究工作。当天下午，大家一起动手，把中子源、计数器和银圆筒从物理楼搬到喷水池。实验结果完全证实费米的预见：水也使银的放射性增加了好多倍。

这是核实验工作的一个突破，也是核物理发展中的一次重要发现。它证明，α粒子很不容易激活一种元素，普通中子（快中子）产生的放射性元素也不多，而用慢中子却可以激活一百倍以上，金鱼喷水池为此立了大功。当天晚上，他们六个人聚集在阿玛尔迪家里，由费米口述，塞格雷执笔，并立即打完字，把关于这个发现的第一篇报告寄给一个科学杂志。

随后的几个月，他们的工作再度陷入低潮。与以前不同，这一次是由于政治形势的阴暗，人难以关起门来专心工作。不久，这个小组便濒于解散状态，继续留在罗马搞中子课题的只有阿玛尔迪和费米两个人。

科学家常常只管自己干事，而把命运交给“上帝”，他们天真地相信一种政治家的说法：你去研究自然，我来管理社会。但是，科学家是社会的成员，科学工作不能脱离社会。当社会环境变得恶劣的时候，科学家就要被迫起来掌握自己的命运。

四、另一个“意大利航海家”

就像泡利那个“不相容”原理被推广到社会似的，自由、科学与独裁、法西斯无论如何也是不相容的。1936 年以后，费米的科学工作受到了一连串事件的干扰：埃塞俄比亚战争影响了科研经费；考宾诺于 1937 年初去世，困难更大了。继任人虽说也是一个博士，但实际上既外行又官僚，根本不懂费米工作的意义。研究所奉命搬家，新的办公地点虽然大些、好些，但是由于行政部门效率太低，竟浪费了相当多的宝贵时间。此外，国内的政治迫害对费米个人影响更大，尤其是 1938 年法西斯党人的反犹法令，直接株连费米夫人和他们的两个孩子。看来，不仅是科学工作，就是科学家的人身安全也时刻受到威胁。

费米很清楚，可怕的情景在意大利历史上不是没有先例的。伽利略由于科学发现而与教廷“真理”发生对立，结局是遭受审判、终身监禁。科学家为专制政治所迫害，大概不会仅仅限于伽利略。不管怎样，移居国外问题已经紧迫地摆在面前了。1938 年冬天，费米一家决定利用到斯德哥尔摩接受诺贝尔奖的机会，摆脱法西斯统治。1939 年的第二天，他们在纽约上了岸。

到了异国他乡，种种不便是不言而喻的。但是，科学毕竟是他的事业。费米内心里为险恶的战争形势忧虑，但挂念更多的仍然是他的物理学。不到三周，费米就被一个划时代的物理事件深深吸引了。这个事件，就是两个德国人在柏林进行的铀核裂变的实验。

在哈恩和斯特拉斯曼公布他们这一实验报告之前，消息就由迈特纳和她的侄儿弗里希传给玻尔，接着，玻尔把它带到华盛顿的第五届国际理论物理会议。会上，玻尔和费米关于这个发现的发言，打开了物理学家们的眼界。裂变、铀、中子……像链式反应那样，激活了各国的物理学实验室。

谈到中子物理，费米无疑是最有权威的。还在物理会议之前，当费米在纽约听到玻尔带来的这一消息时，他就本能地想到、“摸到”中子的行为踪迹。如果说，1934 年他还缺乏足够的想象力的话，那么现在，当人们还在谈论、重复那两个德国人的实验时，费米就已经像一个电子专家熟悉电路那样，凭着对中子的直觉，立即想象到中子从初级到次级的发射以及一个链式反应的可能情况。这时，他要做的事情就是尽快地来检验他的思想。

这件事情选择在费米工作的哥伦比亚大学是很合适的。这里实验设备之好，远非罗马大学可以比拟。巨大的回旋加速器每秒产生的中子比罗马 Rn+Be 源的最佳状态还多十万倍。在他的研究生安德森和物理系学者们的热情支持下，费米又从一个理论物理学家变成一个实验物理学家了。不久，一些同行也参加进来，其中有匈牙利出生的济拉德和加拿大出生的津恩。不到两个月便证实了：在铀核裂变时，中子的确释放出来。当然，要实现链式反应，还必须解决一系列难题。

实验使费米和济拉德得出结论：作为理想的减速剂，水或者其他含氢物质（如石蜡）都不如纯碳（石墨），因为它既能使中子速度减慢，又不会过多地吸收中子。由此，他们想出了一种设计：把铀块和纯石墨分层叠放起来，使全部是石墨的各层与嵌入铀块的石墨层相互叠放着。这样，一个实用的试验性反应装置很可能是一个“堆”。1941 年春，他们着手搞起了一个小小的反应堆，并初步积累了数据。

铀核裂变时，依照 $E=mc^2$ 产生的巨大能量，将怎样被利用呢？几乎从一开始，这个问题就是物理学家们最为关心的事。当然，瞬时即逝的原子核火花，虽然比任何已知的原子反应要大得多，却没有什么实用意义，可是，裂变是在德国发现的，那么，德国是否已经找到某种办法来保持原子核火花的燃烧，并且是否已经着手把它用于制造某种武器呢？想到这个前景，人们就会产生一种紧迫感，这在那些逃出希特勒魔掌的科学家们当中尤其如此。他们商定，为了这一缘故，不再发表有关实验的论文，并且建议美国政府研制一种新型的威力极大的炸弹。

1941 年 12 月珍珠港事件爆发，美国正式对日宣战，不几天又向德、意两国宣战。这样，费米一下子成了“敌侨”。要是在别的国家里，他大概要因“间谍嫌疑”而受到监禁或处决。但是，他仍然在搞他的研究工作，只不过现在他的自由旅行受到限制。在美国政府决定全力以赴地实行一个研制核弹的“曼哈顿计划”之后，他的工作被纳入了战争的轨道。1942 年春天，费米和他的小组奉命由哥伦比亚大学转移到芝加哥大学的冶金实验室。

要研制出一颗核弹，首先面临着一个问题：如何实现自持链式反应？从理论上说，这是可能的，但是，理论上看来可行的东西，在实践中却未必行得通。此外，还有大量的未知因素无法估计。为此，就应该进行实验，首先建造和运转一个实用的“堆”，这个“堆”开始运转之后，又要保证能安全控制，否则，便会造成灾难性的悲惨后果。这是一项史无前例的工作，它可以无愧地与“发现新大陆”的航海探险事业相比拟。费米作为“敌侨”，竟然受到如此信任，被委派为建造和运转这个反应堆的总负责人。很快，这个实验性的“堆”便在芝加哥大学的斯塔格运动场西看台下的网球场动工了。

建造工作是全速进行的，每天，两位物理学家——津恩和安德森都要向费米报告进展情况，并从费米那儿带回新的思想和指示。从11月14日最终决定在这个地点建造起，不到三周，一个庞然大物就已经展现在人们眼前了。

1942年12月2日——一个历史性的日子到来了。这一天早晨，安德森快活地来到现场向费米报告：一切都准备好了。接着，“曼哈顿工区”所属冶金实验室负责人康普顿博士也亲临这里。参加“堆”工作的全部科学家四十多人，都登上运动场北站台的阳台。但有三个年轻人除外，他们的任务是站在“堆”顶，随时准备向失去控制的反应堆里灌注镉液来“扑灭”中子；此外，还有一位青年物理学家威尔，他站在地面上一根镉棒旁边随时准备受命控制它。

费米掌管着一切。作为全场的唯一指挥官，他的唯一武器是一支约15厘米的袖珍计算尺。全场肃静无声，只有费米一个人在讲话。他首先命令所有的镉棒都抽出来，但是威尔的那根除外；接着他指示把这一根镉棒抽出一半（约40分米）。计数器响得更快，指示辐射强度曲线的描笔已经画出一条越来越高的曲线，然后平延开来。这一切，都像预定的那样。这时，午饭时间到了，而费米也需要做最后的检查，以保证完全没有任何意外因素来干扰这一实验。果敢、自信和严谨，使得费米能够从容而万无一失地做到这一点。

午饭过后，人们又各就各位。实验继续在顺利进行。下午3时20分，费米命令最后一根镉棒再往外抽出30厘米，“堆”于是达到临界点，人类历史上第一次链式反应开始自持地进行了。各种记录仪器正常地工作着，人们注视它们直到3时40分。接着，所有在场的人围拢着费米，E. 威格勒给费米献上了一瓶红葡萄酒，大家都用纸杯喝了一点，并在这瓶酒的硬纸护壳上签了名。这时，康普顿博士同“曼哈顿计划”的一个领导人科南特博士通了电话，高兴地报告实验成功：

意大利航海家已经登上新大陆。当地土人非常友好。

1492年航海家意大利人哥伦布发现了美洲新大陆，而1942年意大利物理学家费米主持了世界上第一座核反应堆的成功运转。“1492”与“1942”，只是当中两个数字彼此对换，但象征发现的深远历史意义却是相同的：前者使人类看到一个新的地理世界，后者把人类带进了原子时代。今天，人们把12月2日作为一个划时代的日子来纪念，而费米在当时的每月工作报告中只是简单地写了一句话：“链式反应装置在12月2日完成，并以一种令人满意的方式运转了。”

五、从“战争科学”回到基础研究

1944年7月11日，费米全家加入美国国籍。战争在继续，“曼哈顿工程”也在加紧进行。8月，他全家搬进洛斯阿拉莫斯，这是“曼哈顿”的重要实验基地。1945年7月16日早晨5时30分，第一颗原子弹试爆成功。8月6日和9日，两颗原子弹先后投在日本的广岛和长崎。

随着广岛和长崎悲惨景况的消息传来，一场政治哲学的“爆炸”也在洛斯阿拉莫斯发生了。

难道科学的胜利意味着悲惨的后果吗？难道科学不能造福于人类吗？费米有他自己的分析。在他看来，科学家像是生活于一堵围墙之中，他们把科学贡献当作目的，但极少想到这些贡献的实际用途；伏特在他那小小的实验室中完全料想不到他的成果会成为现代文明生活的强大杠杆。的确，当费米在原子弹试爆前夕同别人打赌这次试爆会不会引起大气着火甚至毁坏地球时，他只是从科学角度来谈论问题，在试爆时的第一道闪光出现后，费米的心思完全在于如何简便且快速地计算炸弹威力：在他把手中的碎纸片撒向冲击波刮起的大风时，想的只是纸片的高度、它被吹开的距离，并以此来计算爆炸的强度。整个试爆留给他记忆的只是这些，似乎别的都不曾存在过。人们研制出原子弹，但是未必清楚地意识到它的实际使用后果。科学家当然应该关心科学的使用后果，可是他们掌握不了它。

费米决定尽快离开“战争科学”，回到基础研究。早在 1945 年春天，他就憧憬着战后大学的生活。1946 年元旦，费米全家离开了洛斯阿拉莫斯而来到芝加哥大学的核科学研究所。像许多老科学家常常追求的那样，费米想得很多的是，应该把培养新的一代科学家看成是自己对科学的一种贡献。

因为战争而耽误学习的大批学生涌向校园。其中，很多物理研究生早为费米的名字所吸引，纷纷赶来芝加哥大学。这样，费米身旁又集拢了一批年轻的、有活力的物理学家，他们多数来自洛斯阿拉莫斯的实验小组和理论小组；在第一批研究生中，包括来自中国的杨振宁和稍迟到来的李政道，还有一批为数不少的后来闻名于世的物理学家。

费米对这些青年学者倾注了巨大的热情。他为他们开课，讲课的论据简明有力，深入浅出。他常常以通俗实例作为引言，并像一块砖一块砖地、一层楼一层楼地建造大厦那样从实验基础出发来构思抽象理论。他要研究生们懂得，理论总是在“地基”的细节之后，而不是在那之前。但是，他也反对形式主义，他挖苦地把形式主义称为“高级牧师”。费米经常强调的是，一个青年人应该乐于把时间投入简单的实验，而不要立即陷入基础理论之中。

除了正式课程，他每周又有一二次非正式的讲授，内容广泛地涉及各种领域的物理问题，如天体物理、广义相对论与宇宙论、量子统计理论和基本粒子物理等。费米鼓励研究生们提出问题，认为这相当于完成一个课题。

另外，费米为自己安排了一系列关于核和基本粒子研究的新课题。他的那个叫作“人工记忆器”的庞大的资料库，装满了各种有待于进一步整理分析的资料。他在科学上从不知足。在芝加哥大学巨型回旋加速器建造过程中，他就到阿贡实验室反应堆去继续他的中子研究。不久，他就转向介子和核力问题了。正是他第一个正确地解释了介子与核子的相互作用。他指导了 M. G. 梅耶提出原子核壳层模型中自旋轨道的相互作用（梅耶夫人主要由于这一工作而获得 1963 年诺贝尔物理学奖）。费米经常同他的研究生（例如杨振宁和张伯伦等）进行合作，共同提出研究论文。在实验领域，费米和安德森以及几个研究生做过一组关于 π- 核相互作用的重要研究。也就在这期间，他创造了表示 π 介子和 μ 介子的新名词：Pion 和 Muon。

在科学史上，一个像他那样获得近五十种荣誉——包括世界上著名大学和研究所授予的各种奖章、奖金、学位和荣誉席位，而能够继续不倦地工作和虚心地探索的人，真是屈指可数。

晚年的费米，仍然经常利用暑假访问一些实验室和大学，出席学术会议，广泛地参加各种物理问题的讨论。不管任何地方，只要出现了物理学的新问题或者集聚了青年物理学家，就总能看到费米。费米随身有一个笔记本；他总是准备着一些新的、富有成果的思想，也总是准备着随时从他的年青同事们那儿得到启发、接受挑战。同他谈论过问题的物理学家，都不会忘记自己所得的教益；而费米自己的“人工记忆器”也越来越庞大，几乎包罗着全部物理学。他那些意大利时期的老朋友，要他收缩一下这种过于广泛的兴趣，因为像他这样的人也不可能顾及今天物理学的各个领域。费米接受了这个建议，开始把自己的精力限制在高能物理和宇宙射线方向。可是，他仍然保持着自己对于物理学各个分支的深谋远虑。

1954 年，致命的病魔已经不知不觉地降临到他身上。但是，这一年夏天，他还以坚强的意志远赴欧洲爬了几座山，并在夏季讨论会上做了关于 π 物理学的精彩演讲。9 月，他回到芝加哥后，忍受了一次探查性的手术，不幸，这手术却带来了绝望。费米很快地领悟了这一切，以“苏格拉底式的安详”对待着它。他平静地同人们谈论他的病情，但更多的是惦念着他的核物理。11 月的一天，当他的两个学生盖尔－曼和杨振宁前来看望他时，他正在读一本描写人以自己的力量战胜自然的小说。他的身体已经非常虚弱，但并不令人感到悲痛。他从病床旁拿出一本关于核物理的笔记说，如果医生允许他回家两个月，他将修改、发表这个笔记。杨振宁和盖尔－曼被这种坚强性格和献身精神感动得不知所措。三个星期后，1954 年 12 月 9 日，费米停止了呼吸。一位科学巨人从此消失了。

一个人生命的长短是不能以年月来量度的。在费米过早结束的科学生涯中，他做出了一系列意义深远还难以估计的杰出贡献，其中主要是：服从不相容原理的微观粒子的统计，应用这个统计于托马斯－费米原子；修正量子电动力学；β 衰变理论；以中子轰击的人工放射性的实验研究以及相关的慢中子效应的发现，实验上实现了一个核反应堆，π 介子与核的碰撞；等等。此外，还在许多领域有贡献：关于原子、分子、核和基本粒子物理，宇宙射线，相对论方面；其中有一些工作开辟了物理学的新篇章。费米对物理学所做的不可估量的贡献，还在于他直接培养和指导了一批杰出的物理学家，其中已有五位获得了诺贝尔物理学奖：塞格雷、张伯伦、李政道、杨振宁、盖尔－曼。在 20 世纪中，他是同时擅长理论与实验的、多才多艺的科学家。科学是他生活的第一要素。他把一生献给了科学，而科学也把他的伟大名字铭刻在自己的历史中。

（作者：嘉　煜）

列夫·达维多维奇·朗道

浪漫主义大师

列夫·达维多维奇·朗道

（Lev Davidovich Landau，1908—1968）

苏联大物理学家列夫・达维多维奇・朗道生于 1908 年 1 月 22 日。他死过两次：作为物理学家死于 1962 年 1 月 7 日；六年以后，作为普通人死于 1968 年 4 月 1 日。无论是物理学家还是普通人，他的一生都是非凡的。他在科学上和在生活上一样，喜欢打破陈规旧习，爱好标新立异，从而引起人们的注目。他在科学上创立了不朽的业绩，使他的名字进入 20 世纪上半叶最著名的十二位物理学家的行列。

但是，朗道用 5—10 进制对数比例，发明了自己的一套理论物理学家分等定级的五级制。按照这个比例，一级物理学家在科学上的贡献，要大于二级十倍。他把玻尔、海森伯、狄拉克、薛定谔和另外少数几个物理学家定为一级，只把爱因斯坦一个人定为 $\frac{1}{2}$ 级，而把自己定为 $2\frac{1}{2}$ 级。只是在他完成二级相变以后，才谦逊地把自己晋升为二级。毫无疑问，他是众所公认的最好的“二级”。

德国化学家奥斯特瓦尔德曾经把科学家分为两类：古典派和浪漫派。古典派的特征是，在自己的学科领域内造诣很深，常常为了某项科学事业而献出毕生的一切。然而，他们的思维过程易受本门学科的局限，对其他学科新事物的接受审慎而保守。要求他们从一个领域转入另一领域，是极其艰难的。浪漫派则不然，他们对多种多样的科学领域都有百科全书般的知识，特别对边缘学科表现出强烈的兴趣；思维和概念纷至沓来，而通常并不深究细节。他们的创见和逻辑思维过程富有直觉性，常常由奇妙的联想引申而来。他们思维之敏捷，好像飞鸟莅临太空，在科学的各个领域间自由翱翔。

按照奥斯特瓦尔德的分类，朗道是典型的浪漫派。他在现代理论物理学的许多方面，做出了非常重要的贡献。

一、神童和活跃分子

朗道是巴库人。父亲是石油公司的主任工程师，母亲是助产士。虽然朗道一再声明，他小时候不是什么“神童”，可是小朗道的确天赋非凡，与众不同。还未到入学年龄，他就很快掌握了初等算术，用不同的方式进行加减乘除，以玩数字代替游戏，和数字似乎已经浑然一体，运用数学就像举手投足那样自如。后来，他戏谑地说：“记不得我不懂微积分的时候了。”这句话当然有些夸张，不过也说出了他获得成功的“秘诀”。由于在数学上下了苦功夫，打下了深厚扎实的基础，就能够直接去揭示物理课题的本质，而不需要再为数学花费更多的时间和精力。这是朗道的风格，也是他成功的因素之一。

要强迫小朗道去做他认为无用的事，那是办不到的。他有自己的信念和看法。比如，他跟父亲争辩说，有些课目，比如文学课——得的分数比及格还好，那才叫人害臊呢。有人问他：“诗人在《当代英雄》里要表达什么思想？”他说：“你去问莱蒙托夫吧。”

在一篇评论《叶甫盖尼·奥涅金》中的人物达吉亚娜的文章中，他仅写了一句话：总的说来，她是一个讨厌的人。

朗道 12 岁通过了大学入学考试，这时他已通晓全部高等数学；14 岁进入巴库大学，同时在两个系（数理系和化学系）里学习。虽然没有修完化学专业，但他的朋友们常说，与化学系的接触，给他留下终身的痕迹。他厌恶饮酒，其原因正在于此吧。

在巴库学习一年以后，朗道转入列宁格勒大学。20 世纪 20 年代，列宁格勒大学是苏联科学和物理学科学研究的中心。朗道在那里以炽烈的热情从事学业，初步形成做科学家的形象。当时，在老物理学家周围聚集着一群年轻人（他们中间的很多人后来成为杰出的理论物理学家和院士），其中最活跃的是朗道。也正是在这时朗道得到了一个绰号，叫作“道”（是伊万宁柯给他起的，后来两人的关系完全破裂了）。这个绰号伴随他一生，不仅朋友、合作者这样称呼他，连他妻子也这样叫他。

在大学毕业之前，18 岁的朗道发表了第一篇论文，专门论述量子力学，从而初露锋芒。他的第二篇论文，是论述韧致辐射问题的。在这篇文章里，他和布洛克一起试图从量子力学的角度来论述韧致辐射现象，并进入了量子力学中的密度矩阵概念。在 19 岁生日的前两天，朗道修完列宁格勒大学的学业，成为苏联科学院列宁格勒技术物理研究所的研究生。研究所的领导人是苏联物理学界的权威约飞。

1928 年底，朗道来到欧洲，打算用一年半的时间继续进修物理学。在德国，他见到爱因斯坦，可是这位年轻人没能使那位“老人”信服量子力学的正确性。在苏黎世他和泡利一起工作过，在英国和狄拉克一起，在哥本哈根和尼尔斯·玻尔一起的时间最长。那时，玻尔研究班简直成了理论物理学界的“麦加”；到那里去的人，不仅是学，而且还得教。后来，玻尔谈论朗道的时候，说：“他一来就给了我们深刻的印象。他对物理课题的洞察力，以及对人类生活的强烈见解，使许多次讨论会的水平上升了。”朗道很快就成为玻尔研究班的活跃分子。他在讨论会上高谈阔论，滔滔不绝，以致玻尔不得不提醒他：“朗道，别说起来就没完没了，让我说几句好不好？”

打那以后，有人给朗道画了一张漫画，把他在讨论会上的姿态摄入画中。画面上，这位活跃分子被堵住嘴，绑在椅子上，免得他垄断会场。他只有趁人家说话的间隙，才能赶忙插上几句。顺便提一下，朗道可不同意把他描绘成这个样子。他说，玻尔才像漫画上那个样子。他比谁说的都多，有人要打断他，他就抱怨：“别插话！”

二、列宁格勒—哈尔科夫—莫斯科

朗道的欧洲之行满载而归。在哥本哈根，他和玻尔共同撰文，论述量子电动力学和相对论量子理论中的测不准原理；在剑桥，他发表过一篇非常重要的有关金属理论的文章。在这个问题上，他修正了泡利的观点，指出不应该用经典的方法处理金属中简并理想电子气体，应该用量子力学的方法。因为，正由于量子效应，理想电子气体具有抗磁性的磁化率（朗道的抗磁性）。

从国外归来以后，朗道仍然在列宁格勒技术物理研究所工作。在那里，他指出一篇论述用很薄的分子层做电气绝缘体的文章在理论上存在原则性错误。这篇文章是约飞院士写的，他对那个理论曾付出很多的精力，并寄托了很大的希望。（可以设想，仅就国民经济而言，那将带来多么大的资产节约啊！）尽管后来他不得不接受这位青年理想家做出的正确结论（后为实验所证实），然而当时这位权威忍受不了这样的冒犯，他准备一有机会就把这笔账和朗道算清楚。在朗道的一次报告之后，他宣称：听了半天，不得要领。朗道立即以其特有的方式，在大庭广众之下反唇相讥：“理论物理学是一门复杂的科学，不是任何人都能理解的。”这样，自然深深地触犯了约飞，朗道只好离开列宁格勒。

1932 年，朗道到哈尔科夫担任了理论物理研究部门的头儿；稍后，又兼任新建的哈尔科夫技术物理学院理论系主任。朗道到哈尔科夫去是很自然的，因为当时哈尔科夫是苏联现代物理学特别是核子物理学的第二科研中心。玻尔、泡利、韦斯科夫、珀尔斯以及许多著名物理学家，在不同时期都在那里工作过。

在哈尔科夫，朗道认识到自己有当教师的才能。他承担教授全部理论物理学的课程。朗道讲课非常吸引学生。他那精练的措辞、完美的想象和现实的内容，加上他对课程内容的深刻理解并能提出自己的新见解，使学生们受益良多。这位年轻的教师不仅讲课有独到之处，连着装也很特殊。他上第一堂课时，上穿蓝布夹克，下穿泥泞的卷腿的亚麻布裤，赤脚着凉鞋。穿着这套装束走上大学讲台，即使在那个年代的哈尔科夫，也被视为是对社会风范的挑战。

直到晚年，他仍然爱好特别着装。最常见他脚踏凉鞋，身着花格子开领衬衫。仅仅在某些特殊的场合下，为了合乎礼仪他才变换一下衣装。比如，在举行授予他诺贝尔奖仪式的时候。

正是在哈尔科夫，朗道产生了要写一部理论物理学巨著的计划。这部书应该包含本门学科的所有分支，把它们作为一个整体来考虑并用同种方式来剖析。三十年后，这部洋洋大观的著作问世了。全书由八大单元组成，是一部全面阐述理论物理学的专著，也是一部最好的教科书，已被部分地或全部地译成多种文字。

也是在哈尔科夫，朗道创立了著名的理论物理学须知（后来称为“朗道位垒”）。这是一个理论物理学的考试纲目，囊括了一个好的理论物理学家应知应会的东西。考试分九门。第一、二两门是数学，也是学生的入学考试。朗道不要求考生懂得“许多”数学知识，但必须能够解一道常微分方程的任选题，算一道能用初等函数表示的不定积分任选题，更深一些的数学知识，如群论、特殊函数、张力分析等，分别包含在物理题中。其余七门是物理题目，大致概括了朗道教科书的全貌。为了考查考生能动地掌握知识的程度，通常“仅要求”解几道题。但诸如反常塞曼效应、量子电动力学某些过程的辐射修正计算等题目，则要求做出最后结果。

朗道的理论须知

入学考试数学试题：

①任选一题：解常微分方程

②任选一题：用初等函数表示不定积分

物理试题：

①理论力学

②热力学和统计物理

③场论（包括狭义相对论和广义相对论）

④非相对论量子力学

⑤相对论量子力学、量子电动力学、场论、基本粒子论

⑥连续介质电动力学

⑦连续介质力学（流体力学、弹性力学原理）

在朗道逝世之前，仅有四十三位物理学家冲过这个位垒，其中至少有七名苏联科学院院士、十六名科学博士和教授。

人们或许要推究，这样无所不包的考试会有什么效果。及格是很难的。特别是朗道既不提问，也不对试题进行讨论和解释。他仅仅给考生一道题，把考生安排到工作室里，让他在那儿解几个小时的题。很容易想象，对他的考生说来，穿越朗道位垒是多么可怕。为了通过考试必然付出全部精力；及格之后，精疲力竭，以致再无能力从事重要的工作。事实上也有一些成功地通过考试的人，以后就永远离开了物理学界。

在进行考试的时候，朗道并不那么郑重其事。他不理睬苏联官方的某些规定（如关于考试的数字、持续的期限以及委员务必临场等），也从来不记录考试的情况，但他内心却记住考生和他们在攀越位垒方面所取得的进展。他是一位严格的主考人。在某些问题上，决不妥协，毫不容情。初试可进行三次，但没有人能说服他专

为某人再进行第四次。在哈尔科夫，有一次因为考生不懂代数的某些基本公式，他几乎把一个班全撵出考场。院长为避免引起公愤，改用了几条更为妥当的要求，并把考试委托给另一名教师进行。

1934 年，朗道没有经过论文答辩，获得数理博士的学位。后来，在他过 50 岁生日那天，同事们把他的简历编写成一份滑稽传记。关于博士学位，“传记”上是这样写的：

> 委员会对这位不会写论文的年轻科学家的困境，深表同情；为此，在他“一篇也拿不出来”的情况下，授予他学衔。

朗道不爱动笔，他的大部分论文、著作是与人合写的。他起的作用，似乎仅仅是提供设想，诱导启发，推断计算，制订计划，多方评论，以及对底稿的妥切修改。有人问过，是谁写的《理论物理学教程》？叶夫根尼·栗弗席兹答道：“动笔的是我，构思的是‘道’。”

在哈尔科夫，除教学外，朗道继续进行深入的科学研究。他开始对二阶相变的理论进行探索，发表了一系列关于铁磁性原理的重要文章。多年以后，他对一位友人说，在二阶相变理论上，他花费的时间和精力比其他课题都多。朗道是第一个提出把反铁磁性作为磁体特殊相的人。他创立了铁磁磁畴结构理论和铁磁共振理论。他还开始对超导进行理论研究。在 1937 年到 1957 年期间，发表了大量的论文，对这个复杂现象做出了重要的理论贡献。他提出一个超导体混合态的理论，在这种状态下超导体是由正常相和超导相错列构成的；而表面张力，则存在于正常相和超导相之间。他后来又发展了这个超导性准宏观理论，可以认为是巴丁、库柏和施里弗的超导性微观理论的特例。

朗道没有在哈尔科夫长期任职，在和理工学院院长发生一次口角以后离去了。有一天，院长召见他，不断地抱怨说："你不该拿语言学院的材料来考问物理专业的学生。你问学生，《叶甫盖尼·奥涅金》的作者是谁，有什么必要？从教育观点来看，决不容许这样干。"朗道被大大地激怒了，立即回敬了一句："您说的这些蠢话，我还是头一次领教。"这当然触犯了一院院长的尊严，他要求朗道道歉，否则就把他赶出学院。朗道毫不示弱："你没有权利。"的确，院长没有免职一位正式教授的合法权利，这个权利属于部长。但是，一个心胸狭窄、不能容人的人，当他的虚荣心受到损害时，是什么事都做得出来的。当天朗道就收到了学院的免职令。出人意料的是，他既没有抵制，也不想为自己辩护。他非常了解在这场争吵中，他个人会受到怎样的损失，以及学院会受到些什么损失。

打点好行装，朗道踏上了去莫斯科的旅途。

几个星期之后，朗道的朋友和同事们听说，他在莫斯科物理问题研究所找到了工作。于是，他的最有才能的学生和同事，都追随他上莫斯科去了。因为缺少朗道，哈尔科夫便失去了魅力。从此，哈尔科夫失去一位大物理学家，莫斯科受益了。

朗道的新工作单位莫斯科物理问题研究所，是 1935 年为苏联物理学家、科学院院士卡皮查建立的。卡皮查在卡文迪许研究所和卢瑟福一起工作多年，他们是最亲密的合作者。1934年，卡皮查照例去莫斯科探亲访友，可是有关当局突然不准许他再回剑桥工作。作为补偿，允许可按照他的计划和设想，在莫斯科建立一个新研究所。卢瑟福意识到争取卡皮查回去的一切努力都毫无效果的时候，他做了一个漂亮的姿态——赠送卡皮查一套第一流的设备。卡皮查不仅能够创建一幢第一流的设备齐全的研究所，还能挑选好同事。卢瑟福的学生对科学人才是有特殊感情的。

1937年2月，卡皮查接到朗道写的一封简短的申请书。上面仅仅写着一句话：

请接受我在你所做一名科学工作者。

卡皮查在剑桥时就认识朗道，他立即批准这份申请。在苏联科研机关里，卡皮查研究所的条件是特别优越的，气氛也相当和谐，个性很强的朗道在这里工作也不再发脾气与人争吵了。反之，在这儿他赢得了荣誉和地位。没有更多的困难和人事纠纷，在卡皮查的研究所，朗道能够进行他的天才和能力注定要他从事的科研工作了。

到达莫斯科以后，朗道立即着手研究许多重要新课题，如相变、原子核统计理论、电子簇射级联理论等。与此同时，还开始他的一项最重要的研究：液态氦Ⅱ超流性理论。这是卡皮查1937年在实验室里发现的新现象。朗道很快认识到，这个现象需要从理论上加以理解和阐述，应当用全新的方法进行探讨，把氦Ⅱ完全纳入量子体系，当作量子液体来看待。朗道的这个理论充分地说明了全部观察结果，还预示若干新的成果。在以后的实验中，这个理论进一步得到了证实。

三、“中断一年”

朗道超流性理论的形成，不是一帆风顺的。1938 年春天，朗道因有德国间谍嫌疑而被捕。关于他这个时期的生活，在苏联官方报刊的报道中，有许多疑惑不清之处。卡皮查在《实验·理论·实践》一书中，关于朗道这个时期的生活，写了以下几句话：“朗道一直在物理问题研究所工作到最后一息，仅在 1938 年中断一年……”对于“中断一年”的实际情况，我倒很想写上几行。

关于这段灾难性的岁月，在 20 世纪 50 年代末的解冻时期，朗道自己写过几行：“……今天看来，这样的控告似乎十分可笑，不过说老实话，那时，我再也不能多支持半年了，眼看要完蛋了。卡皮查上克里姆林宫要求释放我，不然，他就辞职。我被释放了。用不着过分渲染些什么，在那个年月，卡皮查的举动需要有大勇、大德和一个水晶般纯洁的人格。”

人们很少知道，介入拯救朗道活动的，不止卡皮查一个人。在哥本哈根尼尔斯·玻尔的档案里，保存着一封玻尔给斯大林的信的抄件。玻尔在信中十分强烈地表达了自己的见解，他要求斯大林运用自己的影响，赦免朗道。信中写道：

> 多年以来，我和朗道教授就是很好的朋友，我们俩就

最关心的科学问题，保持着密切而正常的通信……

特别是我最近听到关于朗道教授被捕的谣传，使我甚为忧虑。我希望他还活在人间，但愿这种谣传是没有根据的。但是，如果朗道教授真的被捕了，我确信他是不幸的，必须解除这种误会。我不能想象，像朗道教授这样把毕生献给科学事业的人，会做无关的事。他那正直的性格，我是给予很高评价的。他的被捕应得到辩护。

考虑到苏维埃社会主义联邦共和国的科学及世界科学事业，我进而迫切地请求您，对朗道教授的不幸遭遇进行调查，如果真是一种误会，那么这位天才的富有成效的科学家，应有机会重新参与对人类进步有着重要意义的科学研究工作。

朗道的的确确很幸运，他被释放了。在那些年月里，他的许多同事失踪了，如穆·波·布朗什特杰思、恩·伊·瓦维洛夫等，或者像尤·波·鲁梅尔那样，不得不在集中营里度过许多年。

1940 年，朗道出狱以后，他破除青年时代的“重要原则”，结婚了。1946 年，他又破除了自己的另一条“原则”，他的儿子加里克降生了。在那以前，他坚持认为人不需要有孩子，小孩打扰工作。

朗道对婚姻问题有独特的见解。对于这个见解，爱德华·泰勒有一段绝妙的叙述。他写道：

朗道好发表刺激资本主义的言论。我们一起在哥本哈根的时候，我结婚了。他对我选择的对象，表示过赞许，还和我妻子打过网球。可是，有一次他突然问我们，还打算在一起生活多久。我告诉他，我们当然要长期生活在一起，根本没有打算离婚。不料，他激动地说，只有资本主义才叫人用夸夸其谈，来糟蹋好事情。

四、“废话”与“病态”

朗道创立了在苏联（不仅在苏联）最有影响的理论物理学派。他在苏联物理学界的重要作用怎样估计也不算高。然而，从更长远的角度或从旁观者的视角来看，朗道的作用似乎是有争议的。

朗道智力超人是不容置疑的。跟他一起工作令人精神振奋，但有时他那种优越感夹杂着挖苦话，也使人情绪低落。他自身是简单化作风和民主化作风、无限偏执和过分自信的奇妙混合体（民主作风当时在苏联是相当罕见的）。他性格中的一个典型特征是缺乏耐性。我可以举几个例子说明这个问题。

1931 年，尼尔斯·玻尔接到一封朗道从英国发来的电报，概括地谈到他对狄拉克报告的印象。狄拉克正试图从粒子空穴的角度，给他的公式找出解释（正电子在电子无穷海中作为空穴）。粒子空穴概念的出现，是现代物理学中最丰富的想象。现代核子物理学和固态物理学，没有它几乎都不能存在。对狄拉克的这个概念，朗道的电报简短断言为：Quatsch（德文：“废话”）。当然，要人们理解和承认这个新概念是不容易的。例如，1933年，列宁格勒第一次原子能联合讨论会在评论狄拉克的报告时，维·阿·福克说："我在试图理解这个理论的基本设想（电子海具有无穷大的质量和电荷，这一点还完全没有被确切证实），但必须承认，我感受的是异常混乱。我料想不是我一个人有这样的感受。"朗道那个时候的看法，幸而没有对狄拉克及其同事产生多大影响，他自己不久也改变了观点。

当时朗道对他不喜欢的理论或者物理学，发明了一个极特别的单词："病态"。

20世纪30年代后期，朗道已不能再去国外旅行。朗道认为，与外国科学家交往，互相沟通学术思想和交换科学家（用赫尔辛基文件的辞令来表达），是科学发展不可缺少的因素。他在给玻尔的信里流露出某种忧虑，担心对他的这种封闭，会在他身上引起"病态"反应：

> 最近，我需要在国内替你整理资料。道很好！关于我的旅行计划问题，看来没有丝毫改变，并且使我逐渐感到忧虑。对于一个过着不幸的封闭生活的物理学家，有可能发展成为某种病态。
>
> 哈尔科夫，1936年11月10日

朗道对人和对事的判断易绝对化，且行动易受感情爱恶的支配。这一点可以用两个事例来说明。根据朗道在世时选编的两卷论文集，以时间为横坐标把他发表的科学论文数量画出一张直方图，就可以看到图中的最低点是由于监禁、战争、反世界主义和犹太人运动等外部因素的影响，这很容易理解。但是我要着重说明的是前面的部分。这部分的阴影，表示朗道公开发表过的而又拒绝纳入文集的论文。他和伊万宁柯共同发表的五篇论文，全都没有收编进去。什么原因？很难回答。最大的可能是，朗道和伊万宁柯从最好的伙伴变成“病态”的关系，所以，他决不允许伊万宁柯再参加朗道研究讨论会。假如你敢在朗道面前提到伊万宁柯的某个佳作或某篇妙文，那就完全搞糟了你和朗道的关系。

朗道智力上的优越感、缺乏克制和独断其是，有时会带来有害的后果。莫斯科人伊·斯·沙皮罗事件即是一例。1956 年，沙皮罗正在积极地探索令物理学家们长期迷惑不解的“τ-θ”问题。沙皮罗得出结论：对这个问题唯一可能的解释，只能是在介子衰变中宇称不守恒。这种衰变属于弱相互作用，他由此进一步推论出一些其他的现象，如电子的纵偏振、内韧致辐射的圆偏振以及 β-γ 相关圆偏振。由上述现象就能够推导出 β 衰变的宇称不守恒。对这种违背宇称守恒现象的解释，他甚至推测到可能是和在弱相互作用的特征距离（10^{-7}cm）上的空间结构有关。当沙皮罗把这篇论文送给朗道过目时，他竟一笑了之；而没有他的同意，沙皮罗的论文是不能发表的。这篇论文一直留在他的书桌上。我看到它的时候，比李杨论文提出的时间还要早几个月。由于朗道，苏联物理学家错过一次获得诺贝尔奖的机会。

在玻尔最后一次访问苏联期间，莫斯科物理学家邀请他作报告。会上，有人问他，怎样成功地创办一个第一流的理论物理学派。他回答："可能因为，我从来不感到羞耻地向我的学生承认——我是傻瓜。"玻尔的演说是由朗道的亲密合作者栗弗席兹译成俄文的。他译道："可能因为，我从来不害臊去告诉学生——他们是傻瓜。"栗弗席兹的误译在听众中惹起哄堂大笑。他发觉了自己的错误，立即纠正，道歉。卡皮查也在场。他认为这个误译并非完全出于偶然，指出："确切地说，玻尔和朗道两个理论学派的不同之处，就在于此。"

在朗道生命的最后几年，或许从第二次世界大战结束时起，他对政治愈来愈冷淡，尽量回避社会活动和行政事务。

朗道仍然是爱国者。但他赞美的对象却转向苏联科学、某些苏联艺术和俄罗斯古典文学。他的社会活动严格局限于科学界、教育界和参与有关苏联学校制度改革的讨论。很难判断是什么原因促成朗道对政治的淡漠，是"中断一年"（这是他的传记上用的婉辞），30年代、50年代的经历，还是专心于科学事业，无暇旁顾。

作为一位著名的科学家，朗道有时不得不对某些呈送到苏联科学院或政府机关的"天才"发现予以评定。他总是设法回避这种浪费时间的义务，当他必须做出评定时，他的评语是不留情面的：

> 我必须向你说老实话，你的来稿毫无可取之处。现代物理学是一门极其严密的科学，首先要以大量科学实验结果做依据。显然，你还完全不懂科学，却想用空话来说明

你毫无所知的物理学定律，只能一事无成。如果你对物理学真正感兴趣，你不应该总想去发现什么重要定律而首先应该去学懂一点这门学科的知识。

朗道给人的印象是，他干什么事都轻而易举，似乎不必花费很大的气力便能获得成功，甚至给亲密同事也造成了这样的印象，所以，维·鲁·津茨勃克有一回跟他说："有你这样的才能、技巧和作风，你应该能做出更多的业绩。"朗道立即回答："不，那可不实际，我已经做了我力所能及的事。"他说这句话的态度，仿佛对这个问题考虑过似的。

五、科研活动的高潮

在第二次世界大战期间，卡皮查研究所撤到喀山。朗道和其他物理学家一起，参加解决战争引起的某些问题。官方资料没有刊载他做了些什么工作，他自己也闭口不谈，有人当面问他的时候，他报以神秘一笑而了之。同样神秘的是，1954 年授予他社会主义劳动英雄称号时，关于他的事迹，传记作者只能妄猜一番，或者照抄苏联重要科技大事一览表。

战争要结束时，朗道开始写《连续介质力学》。在这个领域里，逐渐出现许多论文，其中有些文章属于机理性的，另一些则有实践意义。这项研究涉及相对论流体力学、冲击波原理、燃烧理论、湍流理论、炸药的爆震理论等，同时，还需要进行等离子体理论的研究（等离子体振荡理论）。在后来进行的受控热核反应实验中，逐渐发现了这些研究的用途。

1946 年，朗道当选为苏联科学院正式院士。这就意味着有了地位和名望，但朗道和过去却没有什么两样，谁都可以随时去找他讨论问题，询问求教。他的时间被研究、讨论安排得满满的。星期四是留给研究讨论会的，会议在上午 11 点钟准时开会。

朗道研究讨论会只有一次被打断过。那是一起引起轰动的事件。海森伯星期三在卡皮查学术晚会上做了非线性理论的报告，参加会议的物理学家很多，只好把报告和讨论的实况用扩大器在院子里播放。第二天上午，在朗道研究讨论会上有人宣读了一封泡利给穆·丹尼什的信。泡利在信中宣判非线性理论全部破产。于是，会场掀起了轩然大波，几乎所有参加讨论的人都纷纷声明，对这个新理论没有产生很大兴趣，实际上非常不相信它。只有波梅兰丘克院士怀疑泡利的论证。对海森伯理论的评论，一直持续到有人发现这封信的每个段落的第一个字母，凑起来成为俄文单词“杜拉克”（傻瓜们），才算了结。信是冒牌的假货，是珂·米格代尔院士和波·庞特考夫院士的一场恶作剧。他们用这种方式，表示反对星期三学术晚会那种毫无批判的作风。这是朗道第一次没能使研究讨论会镇静下来，没能诱导与会的人进行正常的议程。

二战后，朗道的科学活动进入高潮期。他发表了一系列发展超流性理论和关于氦 I 粘滞性的论文。在 20 世纪 50 年代，朗道和他的合作者一起，研究了一些最基本的课题，同时对量子电动力学进行批判性的重新计算，又开展了量子场论、基本粒子论等新课题。他这个时期给理论物理学最重要的贡献是费米液体论。

到50年代末期，一部庞大著作《理论物理学教程》基本完成了。这是朗道和他亲密同事栗弗席兹合写的。这部书由八大单元组成，正文约有四千页，真可以称为现代理论物理学大全。《理论物理学教程》包括力学、场论、量子力学、相对论量子力学（一）、相对论量子力学（二）、统计物理学、连续介质力学、弹性论、连续介质电动力学。

朗道是20世纪杰出的理论物理学家。他有理论家的躯体和灵魂，有理论家“超人的长处”。他能把现代理论物理学的方法应用到物理学各个学科里去，从而做出卓越的贡献。他熟练地驾驭着现代理论物理的骏马，在广阔的科学田野里驰骋，因而练就一种独特的本领，能够迅速抓住任何科学课题的理论本质，然后用“理论物理学方法”加以解决。他能够轻而易举地把自己从他人观念的束缚中解脱出来，去掉其影响。他能够把难题简化，使其通俗易懂。朗道，正如他惯常说的那样，是“一位极少有的全能物理学家（百科全书派）”。费米逝世以后，他悲哀地说：“现在我是最后一个全能物理学家了……”

除了《理论物理学教程》，朗道还发表了一大批丰富多彩的著作。其中有《物理学概论》（与阿·伊·契塔格罗斯基合著）、《核子论讲义》（与雅·阿·斯莫罗敦斯基合著）、《什么是相对论？》（与尤·波·鲁梅尔合著）及《普通物理学》第一卷等。朗道著书态度的特点是：

发表一部无聊的书不会造成大灾难，不会伤害什么人。

发表十部不完善的书，总比不担风险地发表一部好书要好。

六、“朗道十诫”

朗道最后一篇科学论文《基本课题》，论述的是基本粒子中的电荷抑制问题。关于这个问题，在过去几年里，朗道和他的合作者一直没有间断过研究。这篇论文具有朗道的某些特征。文中说：

能否取消理论，这是一个争论不休的问题。李模型是一个特例，它在许多方面与物理上的相互作用有很大不同；并且对波梅兰丘克的证明，人们持怀疑态度。照我看来，这种怀疑是没有根据的。例如，开伦曾多次提出，数列的奇异性，在数列求和中应被包含在内，但他从没有提出理由，去论证这一点。而今，对这种理论的取消，甚至连那些持过异议的理论物理学家也暗暗予以承认了，介子理论方面的论文几乎完全看不到了就是明证，而戴森甚至断言说，正确的理论，再过一百年也建立不起来。如果有人只想到介子理论能推出一定的结果，虽然现在我们还不能充分证明它，但对这种理论的悲观主义还可能继续存在。因此我认为，试图去完善波梅兰丘克的论证是没有必要的；况且短暂的人生不允许我们在产生不了新结果的旧圈子中打转转……

我在前面曾提到，想要用一篇简短的述评概括朗道全部的科学活动，是极其困难的。他涉及的学科有量子力学、量子场理论、基本粒子物理学、核子物理学、热力学、统计物理学、连续介质力学和固体物理学的许多部分。也许概括朗道全部的科学活动的最恰当、最正确的方法，是在这里讲一下“朗道十诫”。所谓“朗道十诫”是在朗道 50 岁生日时，朋友和同事们把他的科学活动概述为十条，起名为“十诫”，并且把这篇概述雕刻在两块石板上，赠送给朗道。

“朗道十诫”：

①量子力学中的密度矩阵和统计物理学（1927）；

②自由电子反磁性量子论（1930）；

③二级相变（1936—1937）；

④铁磁体磁畴结构，反铁磁性解释（1935）；

⑤超导体混合态论（1943）；

⑥核概率论（1937）；

⑦氦Ⅱ超流性量子论（1940—1941）；

⑧基本粒子电荷抑制论（1954）；

⑨费米液体量子论（1956）；

⑩弱相互作用复合反馈论（1957）。

七、两次逝世

二战后，朗道成为许多科学院、科学学会的成员。例如，丹麦、荷兰和美国科学院及英国皇家学会的成员。多次接受过苏联和其他国家的奖赏，其中最高奖赏诺贝尔物理学奖，是在他发生事故以后接受的。

通知授予朗道诺贝尔奖金的电报写道：

> 斯德哥尔摩，1962 年 11 月 1 日。
>
> 瑞典皇家科学院决定授予你诺贝尔物理学奖，以表彰首创凝聚物质理论，特别是液态氦。详情函告。
>
> 常务书记
>
> 埃里克·拉德贝格

在历史上第一次，诺贝尔奖不在瑞典首都由国王颁发，而是在莫斯科由大使转交。朗道正躺在医院里。

1962 年 1 月 7 日，物理学家朗道在一次车祸中受了致命伤。这次可怕的横祸，结束了 20 世纪一位大物理学家的学术生命，而当时他正处于从事创造性劳动的年富力强时期。朗道和几位同事正去杜布纳旅行。莫斯科郊外，冰雪覆路，汽车难行。司机——也是一位理论物理学家，朗道的朋友——途中刹车，车体滑动，失去控制，猛然和迎面驶来的一辆卡车相撞。受伤的只有朗道一个人，连车里带到杜布纳的鸡蛋都没碰破。可是朗道伤势很严重，抬到医院时已濒于临床死亡状态。

这场灾祸震动了物理学界。莫斯科的物理学家们立即组成了一个救护小组，在难以置信的最短时间内给他办好了一切事情。几位物理学家日夜守候在医院，门外几辆汽车随时待命出发。为把朗道从鬼门关拽回来，司机们（也是物理学家）准确无误地及时将抢救设备和器械运进医院。几个钟头以后，一架飞机抵达莫斯科，运来了外国同行援助的珍贵药品。一个由世界上最好的专家组成的国际医疗队，及时到达莫斯科，其中就有布拉格的孔茨。医生们半真半假地说，挽救朗道生命的 33% 靠医生，33% 靠物理学家，33% 靠他自己的体质，而 1% 靠上帝。

4 月 8 日，朗道说了第一句话："谢谢你们。" 4 月 14 日，开始能用俄语和外语说话。5 月 3 日，他记起儿子加里克，想要看看他。5 月 6 日，一个研究生向他提出物理学方面的问题，他做了确切明了的答复。

朗道从这样严重的脑损伤中活下来，真是奇迹。而创造奇迹的是他周围所有的人，因为一切都是经过精心安排的，不是靠运气。几个月来，朗道的饮食是老朋友苏联科学院通讯院士阿·伊·沙尔尼柯夫准备的。他每天遵照医生的处方，准确地配好食品的定量，按规定消毒并亲自送到医院。这样的工作，对一位物理学家来说，跟普通厨师和营养师确实有不同的意义。最新鲜的肉、蛋和水果等，由一些教授和科学博士们源源不断地送到阿·伊·沙尔尼柯夫的家里。

朗道在身体上逐步好转了。他开始散步，给儿子辅导物理和数学，但是他自己再也不搞物理学了。这次严重的脑损伤，使他失去了敏锐的记忆力。他记不得人家对他说的话，也想不起物理学上的新东西。即或想起一点感官的印象，也非常淡薄迟滞，因而他宁愿避免谈论物理学。看见他的样子是令人痛惜的。乍一看，还是那个朗道，实际上是个和过去完全不同的人了。他还能正常地开玩笑、闲谈、散步，可是他自己深切地体会到，脑损伤剥夺了使他成为物理学家的素质。

作为普通人的朗道，比科学家朗道多活了六年。

1968 年 3 月 24 日，朗道突然旧病复发。施行一次希望不大的手术以后，病情稍有好转。4 月 1 日，病势大大恶化。他在早晨说："我过不去今天了。"像他一生说过许多对话一样，这一次他又说对了。他知道自己要死了。他临终的话是："我这一辈子没白活，总是事事成功。"

（作者：弗·杨诺赫　张保成译）

盖尔-曼

粒子物理学界的奇才

默里·盖尔-曼

（Murray Gell-Mann，1929—2019）

M. 盖尔－曼，粒子物理学界的一位奇才，自 20 世纪 50 年代以来，在粒子物理学中一直扮演着最重要的角色。粒子物理学中的许多重要概念或理论，如奇异数、色散关系、重正化群、V-A 型弱作用、PCAC 定理、八重法理论、夸克模型、流代数和量子色动力学等都与他有着密切联系。特别是他于 1964 年提出的夸克模型，开辟了人们对物质结构认识的新篇章。他杰出的科学贡献，使他成为一名当之无愧的粒子物理学界的权威人物。有人甚至认为他是爱因斯坦的继承人之一。本文对 M. 盖尔－曼其人及其重要的科学贡献做一简要介绍和评价。

一、盖尔－曼其人

M. 盖尔－曼 1929 年 9 月 15 日出生于美国纽约城。盖尔－曼的父母是第一次世界大战之后从奥地利移居到美国的。他的父亲阿瑟・盖尔－曼是一位语言教师，并且通晓数学、天文学和考古学。受父亲的影响，盖尔－曼终生爱好语言学和数学。如盖尔－曼十分讲究外国名字发音的语调。盖尔－曼的母亲叫波琳・瑞彻斯坦。盖尔－曼弟兄两人，他的哥哥本尼迪克・盖尔－曼曾是一家报社的摄影记者。正是在他哥哥的影响下，盖尔－曼对鸟类及自然历史产生了极大的兴趣。盖尔－曼从小就显示出很高的天赋，常被人们称为奇才。他在8岁那年就获得了一笔奖学金，从一家地方公立学校升入纽约的一所高级学校。虽然盖尔－曼的各门功课的考试成绩非常优异，但那时他并不喜欢学校的生活。他认为，学校“太单调乏味”，甚至“物理也是相当令人厌烦的”，时常放学后在家里学习他感兴趣的语言学和历史等少数几门学科。不过，学校里的橄榄球这项体育运动盖尔－曼还是十分喜欢的。

盖尔－曼刚满15岁时就考入了耶鲁大学。入学那天刚好是他的15岁生日。对于新的大学生活，盖尔－曼开始感到非常困惑，因为他对自己的能力表示怀疑，正如他后来回忆所说：“由于比其他同学年龄都小，因而容易受到伤害，尤其是在我个性发展还不成熟时。”另外，他当时对自己选择什么专业并不确定。他父亲倾向于让他学习工程专业，但他不能接受。由于当时没有其他选择，他只好在入学表格上填写了与之相近的物理专业。因此，盖尔－曼认为，他能成为一位物理学家纯属偶然。盖尔－曼的这种悲观态度也是受他父母的影响。他的父亲做什么事情好像总是有始无终，而他的母亲则喜欢一些不切实际的幻想。后来，在他的大学好友的帮助下，盖尔－曼逐渐看到许多他以前从没想到要去做的事情很值得去做，如在山中旅行和滑雪。1948年他获得了物理学士学位，并获得了麻省理工学院的研究生奖金而成为那里的研究生。至此，他从未感到过学习的困难。由于天资聪慧，他轻而易举地取得了高学分。在麻省理工学院，盖尔－曼从师于著名物理学家韦斯科夫。韦斯科夫是一位耐心随和的导师，他通过向盖尔－曼显示物理学家是如何工作的来激励他。在这里，盖尔－曼时常参加一些学术讨论会，这使他开始了解到物理学家的工作，并在他心中产生了对科学进行挑战的欲望。

他的博士论文大部分是研究十分困难的中间耦合理论。他的这一工作后来证实是非常有价值的，对 1968 年诺贝尔奖金获得者 E. P. 维格纳的研究工作有极大的影响。盖尔－曼于 1951 年 1 月获得了博士学位。由于在研究生期间的出色工作，盖尔－曼被资助到普林斯顿高级研究院工作一年（1951 年）。在此期间，他与 F. E. 洛研究了如何处理场论中的基态问题。他们的这一科学工作受到许多著名物理学家的重视。盖尔－曼非常喜欢这种合作，他并不喜欢研究院里那种年轻人之间高度竞争的学术气氛。同年夏季，他在伊利诺伊大学进行了一段教学和研究。

翌年，盖尔－曼成为芝加哥大学核研究所（后来改名为“费米研究所”）的讲师。在这个研究所里工作，盖尔－曼深为以费米为中心所形成的学术气氛而激励。正如盖尔－曼所说：“费米是使研究所凝聚成整体的介子。”这时，盖尔－曼曾在麻省理工学院认识的 M. L. 戈德伯格也在此工作。这两位聪明的年轻人经常合作，对色散关系等问题进行了研究。另外，盖尔－曼还从事有关核领域中同位旋的研究。

1953 年盖尔－曼升为助理教授，并在此年提出了著名的奇异量子数概念。这使年仅 24 岁的盖尔－曼很快成为粒子物理学界的重要人物。1954 年盖尔－曼成为副教授，该年秋季，盖尔－曼到哥伦比亚大学讲学。正是在此期间，费米离开了人世。盖尔－曼感到“费米的去世，使一切都土崩瓦解了，物理学家们也纷纷离开了（费米研究所）”。他便是其中之一，于1955年初离开芝加哥，又一次来到了普林斯顿高级研究院工作。同年4月19日，他与当时在那里工作的英国姑娘（一位考古学家的助手）J. M. 道结为夫妻。他们生有一个女儿丽莎和一个儿子尼古拉斯。J. M. 道于1981年12月去世。1955年9月，盖尔－曼接受了加州理工学院物理学副教授的位置，并于次年成为正教授。1967年，他成为这里的R. A. 密立根理论物理学教授。直至去世前，他一直在该院从事他的粒子物理学的研究。

由于盖尔－曼杰出的科学成就，他曾先后得到了多种奖励和荣誉。除了获得1969年诺贝尔物理学奖，他于1959年获得了美国物理学会的丹尼·海涅曼奖，1966年获美国原子能委员会颁发的E. O. 劳伦斯物理学奖，1967年获费城富兰克林学院的富兰克林奖章，1968年获美国科学院的J. J. 卡蒂奖章。他是美国科学院院士，也是美国文理科学院的成员。他曾在尼克松总统科学顾问委员会工作过。他还是英国皇家学会的外籍成员以及法国物理学会的荣誉成员。他还被许多大学授予荣誉科学博士。

盖尔－曼的兴趣爱好十分广泛。他喜欢滑雪和登山旅行。他喜欢研究野生动物和鸟类。他是一个痴迷的鸟类观察者。他曾漫游了大半个世界去寻找发现新奇的鸟类，并用他的望远镜研究观察到了数百种鸟。他还曾与他的妻子分享了这方面的乐趣。他感到，当旅行时，他可以尽力去思考物理，特别是在从科学会议返回的路程中，或当所学的东西在他脑海中汹涌时。他还喜好音乐和娱乐。对待生活，他喜爱寻求挑战和冒险，他反对单调乏味。他喜欢参加各项活动。他曾发动加州理工学院教工去说服管理部门建立行为科学的组织。1969 年，他曾帮助组织了一个由国家科学院发起的环境研究计划。

盖尔－曼是一个无神论者，但他认为，宗教“可满足人们的感情需要”。他的处世哲学接近个人自由主义。

二、奇异量子数

盖尔－曼对粒子物理学中的几乎所有主要研究领域，均做出了重大贡献。特别是他关于强子分类及其结构的研究加深了人类对物理结构的深刻理解。

盖尔－曼的主要科学贡献之一是关于奇异量子数的研究。20 世纪 40 年代末到 50 年代初，人们首先是从宇宙线实验，随后是在加速器实验中，发现了一批行为“奇特”的粒子（奇异粒子）。这些粒子的奇特之处在于它们通过强作用产生，却通过弱作用衰变。这按当时的理论是无法解释的。如何解释奇异粒子的这种大的产生截面和长的衰变寿命这一矛盾现象呢？ 1952 年，A. 派斯提出了协同产生的假设。他认为奇异粒子只能成对地通过强相互作用产生或消失。但这一假设看起来更像一条经验法则，而不是一个“解释”。1952 年初，刚到芝加哥大学的盖尔－曼也开始研究奇异粒子问题。由于他对同位旋一直很感兴趣，所以他开始考虑是否同位旋可以用来解释奇异粒子行为，并试图用同位旋 I=5/2 去描述奇异粒子。大约在该年 5 月，他在普林斯顿高级研究院做了一次报告。在报告中，他想说明同位旋为 5/2 假设时，却错误地说成 1，这使盖尔－曼开始思考他的这一口误，并很快产生了奇异数的想法。1953年8月，他发表了一篇有关奇异数的重要论文《同位旋和新的不稳定粒子》。后来，在1954年7月的格拉斯哥会议上，他与A. 派斯又联名提交了有关奇异数方面的论文，并从实验中总结出在弱相互作用中△ I=1/2的选择定则。盖尔－曼又于1956年发表了题为《作为位移荷多重态的新粒子的解释》的论文，进一步详细地论述了他的奇异量子数概念，并提出了盖尔－曼－西岛法则（日本物理学家西岛和彦也于1955年独立地提出了奇异量子数方案。当时西岛和彦称奇异数为η荷）。关于“奇异”一词，盖尔－曼最初采用了“好奇”，后来改用“奇异”。这一词来自培根的语句“在比例中不具有某种奇异性是不会成为至美的”。奇异数方案的基本思想是：当时有些强子可划分为同位旋的多重态，如质子和中子可作为同位旋的二重态。人们曾尝试将具有奇异数的粒子进行类似的划分，但都没成功。盖尔－曼研究发现，奇异粒子多重态的荷电中心与核子二重态的荷电中心+1/2是有偏离的。他想，这一位移可能表示奇异粒子的一个基本量，因而他假定一个粒子的奇异数等于该粒子多重态的荷电中心与+1/2之差的2倍。规定非奇异粒子（质子、中子）的奇异数S为0，而奇异粒子的奇异数S不等于0，如Λ，$\overline{K}^0$，K^-的S为-1，K^+，K^0为-2。他还指出，在强作用中，奇异数是守恒的，这解释了为什么奇异粒子的衰变不能由强作用引起以及在非奇异粒子的碰撞中奇异粒子为什么会成对产生。盖尔－曼还证明，电磁作用中奇异数也是守恒的，而在弱作用中奇异数不守恒。

奇异数方案的提出，不仅解释了奇异粒子的行为，而且还预言了一些新的奇异粒子，这些粒子后来陆续为实验所证实。它不仅建立了基本粒子与相互作用之间的一个逻辑，简明的关系，而且为后来强子分类的研究工作奠定了基础。奇异数守恒已成为粒子物理学中的一个基本原则。奇异数方案的提出标志着粒子物理发展的一个新阶段。

三、八重法理论

盖尔－曼的另一杰出贡献是八重法理论。到 20 世纪 60 年代初，人们已在实验中发现大量的强子，对这些粒子进行有秩序、有规律的描述乃是粒子物理学家所追求的目标之一。早在 1949 年，费米和杨振宁曾提出 π 介子是由核子－反核子组成的假说，认为核子是更基本的粒子，以解释其他一些粒子的组成。但该理论不能解释奇异粒子的组成。1956 年日本物理学家坂田昌进一步提出了下一层次的基本粒子为 P，n，Λ（Λ 的奇异数为 −1）。坂田模型可以很好地解释各种介子的组成，但在解释重子组成时遇到了困难，如不能排除自然界中不存在的 pnV 粒子（S=+1）。1959 年，日本的小川修三在坂田模型的基础上提出了 SU（3）对称性理论。50 年代末，盖尔－曼开始试图对日益众多的强子进行分类。1958 年至 1959 年，他曾按坂田模型的方案对强子进行研究，但他对这一方案并不喜欢。1959 年早期，他决定用杨－米尔斯理论来描述强相互作用，随后他研究了杨－米尔斯理论的可能推广。由于他当时对群论并不熟悉，致使他没有取得重大进展。1960 年 12 月一次偶然的机会，他从本院的数学助理教授 R. 布洛克那里了解到了李群，并且马上意识到他所研究的八个生成元相应于 SU（3）群。这使他很快提出了八重法理论。我们知道，SU（3）群的基础表示为 3 维，坂田曾用这个表示来代表三个粒子（P，n，Λ）。盖尔－曼通过研究并不相信这三个粒子是基本的，但他也不能确定这个基础表示应当是什么。这使盖尔－曼有些失望，但他又不愿放弃 SU（3）对称性。别无选择，他只有简单地跳过这个基础表示，而转向下一个表示，即 8 维表示。他发现自旋为 1/2、宇称为正的 8 个重子正好适合他的八重法方案。他还根据当时存在的 7 种自旋为 0、宇称为负的介子，预言了第八个介子 η^0 的存在。这个预言于 1962 年被实验所证实。然而，当他考虑再下一个表示，即 10 维表示时，由于当时只有 4 种相应的自旋和宇称的重子适合于十重态，因此盖尔－曼认为考虑十重态是很危险的。这样他暂时不过多地讨论十重态，而是坚持八重态。1961 年新年伊始，盖尔－曼按照他的八重态理论，对大量粒子进行了分类。由于每八个粒子能填入 SU（3）群的 8 维表示中，因而他命名他的方案为“八重法”，这是依据佛教关于八种正确的生活方式能免遭痛苦的劝说而命名的。据此曾有人将八重法与东方神秘主义相联系，这是盖尔－曼所不愿意的，因为他并不相信神秘主义，只是借用一下术语而已。同年，盖尔－曼将他的八重法方案写成报告《八重法：一个强作用对称性的理论》，并于 1962 年正式发表了《重子和介子的对称性》这篇重要论文，进一步讨论了八重法方案。（与此同时，以色列的 Y. 尼曼也独立地提出了八重法理论。）八重法理论正如元素周期表一样，将大量已知的粒子进行了有规则的划分，并且根据某一族八重态中尚且空余的位置来预言新的粒子的存在及其性质。为了使人们发现这些粒子，盖尔－曼曾建议建造较高的加速器。盖尔－曼在提出 SU（3）八重法分类的同时，还根据对称性破缺的思想，提出了一个质量公式。如果 SU（3）对称性是精确的，那么一个超多重态中粒子应具有相同的质量，然而事实并非如此。按照“质量公式”超多重态中的粒子质量并不是无规则的，而是服从一个相当简单的关系式。由于日本的大久保也于 1952 年独立地给出这一关系式，故人们常称其为盖尔－曼一大久保质量公式。

使八重法理论取得重大胜利的事件是 Ω^- 粒子的发现。1962 年元月，在欧洲核子研究中心召开的一次会议上，一些实验工作者报告了他们的实验数据。这些数据与坂田模型是矛盾的，而与八重法方案是吻合的。同时，一些实验工作者还公布了他们新近发现的两类新粒子，即 Σ^* 和 Ξ^* 粒子。盖尔－曼也参加了这次会议，他立刻意识到这两种粒子正适合于 SU（3）十重态表示，并且果断地预言了该十重态的最后一个粒子 Ω^-。同时，他还促成了布鲁克海文国家实验室进行寻找 Ω^- 粒子的实验。果然，1964 年 2 月，这个实验室的 N. P. 萨莫斯等人宣布了他们已证实了 Ω^- 粒子的存在。不像其他大多数偶然发现的粒子，Ω^- 粒子的发现具有十分重要的意义，它不仅有力地支持了 SU（3）八重法方案，而且显示了粒子物理理论预言的重要性，成为粒子物理学的一个转折点。同年，盖尔－曼与 Y. 尼曼共同编辑了《八重法》一书。

四、夸克模型

1964 年是使盖尔－曼在粒子物理学中的地位愈加突出的一年。

这一年，Ω^-粒子的发现证实了八重法的理论预言；也是在这一年，盖尔－曼进一步提出了夸克模型，由此开辟了人们对物质结构认识的新篇章。1961 年，当盖尔－曼提出他的八重法理论时，他并不满足，原因是这个理论不能回答大多数物理学家所关心的问题：难道所有的强子均是基本的吗？另外，他在提出 SU（3）八重法理论时，跳过了基础表示 3，这使他感到很不安。因为它是推导其他表示的基础表示，它应当有物理意义。对基础表示最有逻辑的解释是它应当相应于一个基础粒子的三重态，而其他粒子均可由它构造出来。但盖尔－曼当时找不到已知的粒子来填补它。这个问题一直困扰着盖尔－曼。1963 年初，他来到麻省理工学院讲学。在准备他的报告时，他试图寻找最小的基本强子以填充基础表示。他发现，如果坚持整数电荷的观念，那么最小的一组粒子应为四个。他讨论了各种四个基本粒子的方案，但均不能令人满意。1968 年 3 月，他到哥伦比亚大学访问。在午餐期间，他同哥伦比亚大学的 R. 塞伯等人讨论了有关八重法理论。塞伯进而问盖尔－曼为什么没有考虑最重要的基础表示 3。这激发盖尔－曼再次思考夸克的思想。盖尔－曼当时向塞伯解释了没有考虑 3 的原因是它需要分数电荷 $\frac{2}{3}$ 和 $-\frac{1}{3}$。盖尔－曼经过当天以及第二天的思考，意识到如果靴带方法是正确的话，那么任何基本的强子都将是不可观察的；如果这些粒子是不可观察的，那么它们就可能具有分数电荷。这使盖尔－曼开始严肃对待分数电荷的思想。他认为，分数电荷是可能存在的。为了避免实验上没有观察到分数电荷的问题，盖尔－曼假定它们限制在粒子内部。这样，他就提出了夸克模型，并于1964年2月在欧洲《物理快报》上发表了关于夸克模型的论文《重子和介子的一个简略模型》。该文虽然只有两页长和很少的公式，但却是现代物理学的一个重要里程碑。它非常简洁地阐述了夸克模型。盖尔－曼在文中开头写道："如果我们假设破缺的八重法理论能正确描述重子和介子的强作用，那么我们试图寻找这种情况的基本解释。"他进而指出："如果我们允许电荷为非整数值，那么可以构造一个简单而优美的方案。"他指出，SU（3）基本表示的三重态应为三种夸克，即上夸克u、下夸克d和奇异夸克s，且电荷分别为$\frac{2}{3}$，$-\frac{1}{3}$，$-\frac{1}{3}$。并指出，重子由三个夸克组成，介子由一个夸克和一个反夸克组成。夸克模型解释了八重法理论为什么成功地对粒子进行了分类，给出了SU（3）对称性的物理基础，同时使奇异数和同位旋有了更深刻的意义，如一个粒子的奇异数就是包含在它内部的奇异夸克S的数目。关于"夸克"一词，盖尔－曼取自J. 乔埃斯的小说《芬尼根彻夜祭》中的词句"为马克检阅者王，三声夸克"。夸克在该书中具有多种含义，其中之一是一种海鸟的叫声。盖尔－曼认为，这适合他最初想给这些奇怪的分数荷亚单位一个奇特的发音的想法。同时他也指出，这只是一个笑话，这是对矫饰的科学语言的反抗。

盖尔－曼在文中最后还指出，寻找稳定的电荷为$-\frac{1}{3}$和$\frac{2}{3}$的夸克，将使我们进一步确信真实夸克是不存在的。这使许多人认为盖尔－曼并不相信夸克是真实的。对这点，盖尔－曼后来解释道："我这里的意思是说，它们（分数荷夸克）将永久地禁闭在强子内部。”同时，他并不关心本体论问题。他所说的真实粒子是指实验上能观察到的粒子。

对夸克模型，人们最初的反应是冷淡的。当盖尔－曼在电话中告诉在大洋彼岸的欧洲核子研究中心工作的韦斯科夫关于他的夸克模型时，这位老师的回答是：“这是跨越大西洋的电话，是花费钱财的，我们不要讨论这种无聊的事情。”部分物理学家甚至到 70 年代初仍对夸克的存在表示怀疑，原因是自夸克模型提出后，物理学家一直没有发现自由夸克的存在。（与此同时，美国茨威格也独立地提出了夸克模型，他称这些基本的分数荷粒子为“王牌”。另外值得指出的是，相应于夸克模型，我国物理工作者于 1965 年至 1966 年，提出并深入研究了强子结构的“层子模型”，本文在此不再详述。）

自 70 年代，随着高能物理实验的进行，特别是 J/Ψ 粒子的发现（1974 年）以及弱电统一规范理论的成功，人们确信了夸克的存在。现在人们认识到夸克有六味三色，除了 u，d，s 三味夸克外，还有粲夸克 c、底夸克 b 和顶夸克 t（1995 年美国费米实验室宣布已从实验上证实了顶夸克的存在，至此，六种夸克的存在已全部被实验证实）。每种夸克具有三种颜色（红、黄、绿）的自由度。现今人们已确信夸克和轻子层次是目前人们达到的一个基本物理层次。这无疑显示了盖尔－曼夸克模型的重要地位。

五、其他重要贡献

20 世纪 50 年代初，盖尔－曼在研究奇异量子数的同时，还从事了许多其他重要课题的研究。1953 年，他与 M. L. 戈德伯格合作，试图从定域场论中推导出尽可能多的一般结果。1954 年，为了能够从强作用理论中得到一些准确的结论，以便于实验检验，他们提出了色散关系。这是 50 年代研究强相互作用的重要尝试之一。色散关系从 1955 年至 1959 年一直是盖尔－曼的一个研究课题，同时他对 S-矩阵理论的发展起到了重要作用。

1953 年夏，他与好友 F. E. 洛还研究了后来称为重正化群的理论。这一工作已成为有关理论的标准文献。他们的工作经过进一步的发展，对 70 年代发展起来的量子色动力学等规范理论起到了重要的作用。著名粒子物理学家 S. 温伯格曾这样评价他们的这一工作：“它是在量子场论方面发表的最重要的论文之一。”

1956 年，李政道和杨振宁关于弱作用宇称不守恒的提出，导致了粒子物理学家对弱作用本质的研究。从 1957 年春天到夏天，盖尔－曼同 A. 罗森费尔德开始研究弱作用。盖尔－曼得出了普适的费米作用具有 V-A 形式的假设。随后，他与理查德 · 费曼于 1958 年发表了《费米相互作用理论》的论文。这一理论给出了弱作用的普适形式。（与此同时，G. 苏达香和 R. 马夏克也提出了类似的想法。）这是经过二十多年曲折发展以后形成的关于弱作用的正确的唯象理论。该文还提出了弱作用由中间矢量玻色子传递的思想，为弱电统一理论的发展开辟了道路。同时论文中还包含了矢量流守恒

（CVC）的思想。

1959 年至 1960 年，盖尔－曼应邀来到法国，在法兰西学院及巴黎的其他研究机构做为期一年的访问研究。在那里，他同 M. 利维合作继续研究他与费曼已开始的关于戈德伯格－特里曼关系式的推导，这导致了轴矢流的散度与 π 场成正比的想法。于是他同 M. 利维等人得出了部分轴矢流守恒（PCAC）定理（中国物理学家周光召也在 1960 年独立地发表了这一理论）。

1960 年 3 月，美国的 S. L. 格拉肖也来到法国进行学术报告。在这里，他与盖尔－曼对弱电统一规范理论进行了讨论，而且盖尔－曼鼓励格拉肖发表了他的关于弱电统一理论的论文（1961 年）。这篇重要的论文使格拉肖与温伯格、萨拉姆共同分享了 1979 年度诺贝尔物理学奖。盖尔－曼之所以对格拉肖的工作感兴趣，是因为自 1958 年提出 V-A 理论后，他也在思考用杨－米尔斯规范理论来统一描述弱作用和电磁作用的问题。1960 年秋季，格拉肖应盖尔－曼之邀，来到加州理工学院做一年的访问研究。这期间，盖尔－曼同格拉肖一起进一步研究了如何将杨－米尔斯理论应用到弱电作用和强作用中。正是此时盖尔－曼了解到了李代数，这促使他提出了著名的八重法理论。

盖尔－曼对粒子物理学的另一重要贡献是他提出和发展了流代数理论。在 1958 年他与费因曼合作的论文中，他们首先将流的概念应用到弱作用，并发展成流代数。流代数是 60 年代强作用唯象理论研究的主流之一。人们曾利用流代数得出矢量守恒、轴矢流部分守恒、阿德勒－韦斯伯格求和规则和其他一些低能定理。同时它对盖尔－曼研究八重法和夸克模型都起到了重要作用。70年代早期，盖尔－曼和弗里兹希进一步推广了流代数理论，发展了光锥代数，这是一种理解标度无关性的场论方法。

1972年，盖尔－曼和弗里兹希还发展了夸克的“颜色”量子数概念。这是继南部阳一朗和汉提出夸克具有另外荷思想的重要发展。盖尔－曼对倡导和发展量子色动力学理论也做出了许多必要的工作。量子色动力学的命名就是出自盖尔－曼。

盖尔－曼于1969年因关于基本粒子的分类及其相互作用方面的贡献和发现获得了诺贝尔物理学奖。瑞典皇家科学院的沃勒教授在授奖仪式上，高度评价了盖尔－曼的科学工作，并指出“十几年来盖尔－曼在粒子物理学中一直扮演着重要的角色”；他所引进的方法是“进一步研究粒子物理学的最强有力的手段之一”。整个国际物理学界对盖尔－曼获得此项殊荣都表示了热烈的祝贺。

盖尔－曼在粒子物理学中的重要地位，从下面一件事可以看出。1966年在伯克利召开的国际高能物理会议上，会议组织者准备请几位专家分别做各个方面的进展报告。当对请谁来做报告而产生争议时，有人提出了一个令人鼓舞的建议：让盖尔－曼一个人将所有的事全包下来。由于盖尔－曼在这一领域的几乎所有方面都做过工作，在90分钟的讲演中，他权威地对整个领域做了评述。

六、独特的科研风格

盖尔－曼对待科学工作具有许多独特的风格。他喜欢通过报告、论文会和交谈与其他物理学家交流思想。他不怎么阅读文献。相对于他的重要影响，他发表的文章并不多。他不轻易发表文章的原因是他有一个与众不同的观念，就是他认为发表一个错误的观点将在一个人的科学生涯中留下洗不掉的污点。他认为，一个理论学家的洞察力将由他所发表的正确观点数目减去错误观点数目，甚至减去两倍的错误观点数目来衡量。即使按照这种严格的标准，盖尔－曼的成绩也是非常优异的。盖尔－曼的另一个特点是，连他本人也不十分清楚，他好像总是喜欢将他的观点推迟一段时间（一年或一年半左右）发表出来，甚至永不发表。如他的一些重要工作只是作为预印报告成为原始文献。盖尔－曼认为，这可能是由于他想让事情考虑得更成熟一些。另外这与他一丝不苟的思考不无关系。

盖尔－曼工作方法的另一个特点是，善于根据他所熟悉的实验事实和理论基础，提出深刻的物理直觉。他注重他人的观点，反对教条；他时常另辟新的途径来思考问题。正像他对待生活那样，他对待科学也极富挑战性和冒险性。他不拘于科学的传统，时常提出一些新奇的科学概念和理论，如分数荷夸克。因而常有人认为盖尔－曼有些“离经叛道”。他独特的文学风格还时常在他的科学方案的命名中反映出来，如“八重法”“夸克”和“颜色”等术语。

盖尔－曼不仅科学成就显著，兴趣广泛，而且还对美国的教育、科学和宗教、科学与艺术、日益增长的人口问题以及日益恶化的自然环境等方面发表过自己独到的见解。

（作者：张　会）

参考资料

乔治·加布里·斯托克斯 维多利亚时代的名流

[1] R. Kanigel. The Man Who Knew Infinity: A Life of the Genius Ramanujan [M]. New York: Charles Scribner's Sons, 1991.

[2] J. W. Clark. Endowments of the University of Cambridge [M]. Cambridge: Cambridge University Press, 1904.

[3] J. Larmor. The Scientific Work of Sir George Stokes in Lord Kelvin, Mathematical and Physical Papers [M]. Cambridge: Cambridge University Press, 1925.

[4] L. P. Williams. Michael Faraday: A Biography [M]. New York: Basic Books, 1965.

[5] P. M. Heimann. The Unseen Universe: Physics and the Philosophy of Nature in Victorian Britain [M]. Cambridge: Cambridge University Press, 1911.

亥维赛 有惊人数学才华和物理洞察力的电气工程师

[1] G. Lee. Oliver Heaviside-The Man, The Heaviside Centenary Volume [M]. London: The Institution of Electrical Engineers, 1950.

[2] P. J. Nahin. Oliver Heaviside: The Life, Work and Times of an Electrical Genius of the Victorian Age [M]. Baltimore and London: The Johns Hopkins University Press, 2002.

[3] O. Heaviside. The Teaching of Mathematics [J]. Nature, 1900.

[4] O. Heaviside. Electrical Papers [M]. Vol. 4. Rhode Island: Ams Chelsea

Publishing, 1970.

[5]宋德生. 天才狂人奥利夫 ·亥维赛[J]. 自然杂志, 1985（5）.

[6]O. Heaviside. Electromagnatic Theory[M]. Vol. 17. New York: Chelsea Publishing Company, 1971.

[7]O. Darrigol. The Electrodynamic Revolution in Germany as Documented by Early German Expositions of "Maxwell's Theory" [J]. Archive for History of Exact Sciences, 1993.

埃伦费斯特 现代物理学精髓的大师

[1]O. Moore. A life of Erwin Schrödinger[M]. Cambridge: Cambridge University Press, 1994.

[2]M. J. Klein. Paul Ehrenfest-The Manking of a Theoretical Physicist[M]. London: Elsevier Science Publishers, 1970.

[3]F. Hund. The History of Quantum Theory[M]. Oviedo: Barnes & Noble Books, 1974.

[4]R. Graham. Science in Russia and the Soviet Union[M]. Cambridge: Cambridge University Press, 1993.

[5]G. L. de Haas-Lorentz. H. A. Lorentz, Impressions of His Life and Work[M]. Amsterdam: North-Holland Publishing Company, 1957.

[6]M. Jammer. The Conceptual Development of Quantum Mechanics[M]. New York: McGraw-Hill, 1966.

[7]中国大百科全书 ·物理卷[M]. 光盘版. 北京: 中国大百科全书出版社, 2000.

[8]C. J. Gorter. Bad Luck in Attempts to Make Scientific Discovery[J]. Phys. Today, 1967.

詹姆斯·弗兰克 具有理论头脑的实验家

[1] J. Mehra & H. Rechenberg. The Historical Development of Quantum Theory [M]. Springer-Verlag, 1982.

[2] O. R. Frisch. What Little I Remember [M]. Cambridge: Cambridge University Press, 1979.

弗里茨·伦敦 低温领域中的理论家

[1] Kostas Gavroglu. Fritz London: A Scientific Biography [M]. Cambridge: Cambridge University Press, 1995.

[2] 刘兵,章立源. 超导物理学发展简史[M]. 西安:陕西人民出版社,1988.

[3] 刘兵. 著名超导物理学家列传[M]. 北京:北京大学出版社,1988.

[4] L. W. Nordheim. Fritz London, 1900–1954 [J]. Phys. Today, 1954.

[5] M. J. Klein. 近代物理学家传记[M]. 欧阳鸰,金怀诚,译. 北京:科学普及出版社,1985.

盖尔–曼 粒子物理学界的奇才

[1] M. Gell-Mann. Isotopic Spin and New Unstable Particles [J]. Phys. Rev., 1953.

[2] M. Gell-Mann & Y. Neeman. The Eightfold Way [M]. New York and Amsterdam: W. A. Benjamin, 1964.

[3] M. Gell-Mann. Strangeness, in International Colloquium on the History of Particle Physics [J]. J. Phys. (Paris), 1982.

[4] M. Gell-Mann. Particle Theory from S-Matrix to Quark, in Symmetry in Physics (1600–1980) [M]. Barcelona: Bellaterra, 1987.

[5] L. M. Brown & L. Hoddeson. The Birth of Particle Physics [M]. New York:

Cambridge University Press，1983.

[6] A. Pickering. Constructing Quark [M]. Edinburgh:Edinburgh University Press，1984.

[7] M. R. Crease & C. C. Mann. The Second Creation [M]. New York：Macmillan Publishing Company，1986.

[8] A. Pais. Inward Bound [M]. Oxford：Oxford University Press，1986.

人名对照表

（按外文姓氏的首字母排序）

A

阿伯拉罕——Abraham

彼特·阿范纳茜尔耶夫

——Peter Afanassejev

阿范纳茜耶娃——Afanassjewa

乔治·比德尔·艾里

——George Biddell Airy

阿普尔顿——E. V. Appleton

B

巴贝奇——Charles Babbage

培根——F. Bacon

巴罗——Isaac Barrow

贝克尔——R. Becker

贝拉维蒂斯——G. Bellavitis

比格斯——W. Biggs

玻尔——Bohr

布洛克——R. Block

玻耳兹曼——Boltzmann

布尔——G. Boole

玻恩——Max Born

包斯恰尔——Bosscha

鲍斯韦尔——William Boswell

布里格斯——Henry Briggs

布罗——Bromwich

伯洛格哈姆——Henry Brougham

巴克——Thomas Buck

伯克斯——Burgers

C

肯培尔——A. Campell

卡尔达诺——G. Cardano

卡里奥——G. Cario

卡森——J. R. Carson

卡蒂——J. J. Carty

卡西米尔——Casimir

柯西——Augustin Louis Cauchy

查理士——James Challis

切伦科夫——P. A. Cherenkov

克拉珀龙——Clapeyron

克劳修斯——Rudolf Clausius

康普顿——Arthur Holly Compton

克鲁克斯——William Crookes

D

达朗贝尔——J. R. D’ Alembert

达伦——N. G. Dalén

戴维森——C. J. Davison

德拜——Debye

狄拉克——Paul Adrien Maurice Dirac

狄利克雷——Dirichlet

古斯塔夫——G. Doetsch

多普勒——Doppler

道——J. M. Dow

德鲁德——P. Drude

E

保罗・埃伦费斯特——Paul Ehrenfest

希戈曼德・埃伦费斯特

——Sigmund Ehrenfest

爱因斯坦——Albert Einstein

埃尔萨塞——W. M. Elsasser

欧拉——L. Euler

厄瓦耳——P. P. Ewald

F

恩里科・费米——Enrico Fermi

费曼——R. P. Feynman

菲茨杰拉德——G. F. Fitzgerald

弗兰克——I. M. Frank

詹姆斯・弗兰克——James Franck

弗洛伊德——Freud

弗里德曼——Friedmann

弗里兹希——H. Fritzsch

G

迦夫朗——H. Gaffron

高斯——Gauss

伽夫罗格鲁——Kostas Gavroglu

阿瑟・盖尔 - 曼——Arthur Gell-Mann

本尼迪克・盖尔 - 曼

——Benedic Gell-Mann

盖尔 - 曼——Murray Gell-Mann

艾里——Airy George

吉布斯——Gibbs

格拉肖——S. L. Glashow

戈德伯格——M. L. Goldberger

戈特——Gorter

古德斯密特——Goudsmit

格拉斯曼——H. G. Grassmann

格里戈里——D. Gregory

H

哈伯尔——F. Haber

哈恩——O. Hahn

汉——Moo-Yan Han

汉雷——W. Hanle

哈泽内尔——Hasenöhrl

德哈斯——De Hass

奥利夫・亥维赛——Oliver Heaviside

托马斯・亥维赛——T. Heaviside

丹尼・海涅曼——Dannie Heineman

海森伯——W. Heisenberg

黑勒——G. Heller

约翰・赫歇耳——John Herschel

古斯塔夫・路德维希・赫兹
——G. L. Hertz

亨利希・鲁道夫・赫兹
——H. R. Hertz

赫茨菲尔德——K. F. Herzfeld

希尔伯特——Hilbert

亨耳——H. Hönl

霍普金斯——William Hopkins

休斯——D. E. Hughes

哈塞——Husserl

惠更斯——Huygens

J

亚伯拉姆・约飞——Joff

让・弗雷德里克・约里奥－居里
——Jean Frédéric Joliot-Curie

乔埃斯——J. Joyce

K

凯松——Kasso

肯涅利——A. E. Kennelly

克莱恩——O. Klein

克拉默斯——Kramers

康思曼——C. H. Kunsman

L

拉格朗日——L. Lagrange

朗泼——Lampa

列夫・达维多维奇・朗道
——Lev Davidovich Landau

拉普拉斯——P. S. Laplace

冯・劳厄——Max von Laue

劳伦斯——E. O. Lawrence

莱布尼茨——G. W. Leibnitz

列维——H. Levi

利维——K. Levy

洛基——O. J. Lodge

弗里茨・沃尔夫冈・伦敦
——Fritz Wolfgang London

海因茨・伦敦——Heinz London

洛伦兹——Lorentz

洛施密特——Loschmidt

卢卡斯——Henry Lucas

M

恩斯特·马赫——E. Mach

马夏克——R. Mashak

麦克斯韦——Maxwell

梅耶——M. G. Mayer

迈特纳——L. Meitner

麦比乌斯——A. F. Möbius

密立根——R. A. Millikan

莫扎特——Mozart

穆欣布罗克——Musschenbroek

N

南部阳一朗——Yoichiro Nambu

尼曼——Y. Ne′eman

能斯特——W. Nernst

尼采——Nietzsche

西岛和彦——K. Nishijima

O

小川修三——Ogawa

欧姆——G. S. Ohm

卡末林·昂里斯——Onnes

奥斯特瓦尔德——Ostwald

P

派斯——A. Pais

佩利——William Paley

泡利——Wolfgang E. Pauli

约翰·彭德——M. P. John Pender

普凡德尔——Alexander Pfänder

普朗克——M. Planck

泡尔——R. Pohl

昂利·彭加勒——Poincarè

潘索——L. Poinsot

波普——Popper

坡印廷——J. H. Poynting

普里斯——W. H. Preece

普平——I. Pupin

R

拉宾诺维奇——E. Rabinowitch

瑞切尔——E. W. Rachel

罗沃斯——Robert Raworth

瑞利——Rayleigh

波琳·瑞彻斯坦——Paulin Reichstein

黎曼——Riemann

瓦尔特·里兹——Walther Ritz

伦琴——Wilhelm Röntgen
罗森费尔德——A. Rosenfeld
罗西兰——S. Rosseland
罗兰——H. A. Rowland
鲁本斯——H. Rubens
拉特格斯——Rutgers
卢瑟福——E. Rutherford

S

萨莫斯——N. P. Samios
索特——F. Sauter
萨维尔——Henry Savilian
薛定谔——Erwin Schrödinger
舒伯特——Schubert
史瓦西——Schwarzschild
塞尔——F. C. Searle
埃米利奥・吉诺・塞格雷
——Emilio Gino Segrè
塞伯——R. Serber
索末菲——A. Sommerfled
荷尔塔・斯朋诺——Herta Sponer
斯塔克——Stark
鲍尔弗・斯图尔特——B. Stewart
乔治・加布里・斯托克斯
——George Gabriel Stokes
威廉・霍顿・斯托克斯
——William Haughton Stokes
施特劳斯——Strauss
斯特罗伊克——D. J. Struik
苏达香——G. Sudarshan

T

泰特——P. G. Tait
塔姆——I. Y. Tamm
特勒——E. Teller
汤姆逊——J. J. Thomson
蒂萨——L. Tisza
理查德・托尔曼——Richard Tolman
托尔斯泰——Tolstoy
屠格涅夫——Turgenev
廷德耳——John Tyndall

U

乌伦贝克——Uhlenbeck

V

塞缪尔・文斯——Samuel Vince
弗格脱——Voigt

W

瓦格纳——K. W. Wagner

沃勒——I. Waller

瓦尔堡——E. Warburg

奥托·海因里希·瓦尔堡

——Otto Heinrich Warburg

沃德——Samuel Ward

温伯格——S. Weinberg

韦斯科夫——V. Weisskopf

惠斯通——C. Wheatstone

休厄尔——William Whewell

惠特克——E. T. Whittaker

维恩——Wien

维格纳——E. P. Wigner

维特根斯坦——Wittgenstein

詹姆士·伍德——James Wood

伍德——R. W. Wood

Z

策尔密洛——Zermelo

茨威格——G. Zweig